MAIS PLANTAS, POR FAVOR

Alessia Resta

COM VIVIAN LEE

MAIS PLA
POR FA

TRADUÇÃO: GUILHERME MIRANDA
ILUSTRAÇÕES: LUCILA PERINI

NTAS,
VOR

Um guia para
pais e mães
de plantas

pa ra le la

Copyright do texto © 2022 by Alessia Resta
Copyright das ilustrações © 2022 by Lucila Perini

A Editora Paralela é uma divisão da Editora Schwarcz S.A.

Grafia atualizada segundo o Acordo Ortográfico da Língua Portuguesa de 1990, que entrou em vigor no Brasil em 2009.

TÍTULO ORIGINAL Plants Are My Favorite People: A Relationship Guide for Plants and Their Parents
CAPA E PROJETO GRÁFICO Danielle Deschenes
ILUSTRAÇÕES Lucila Perini
PREPARAÇÃO Ariadne Martins
ÍNDICE REMISSIVO Julio Haddad
REVISÃO Nestor Turano Jr. e Gabriele Fernandes

Dados Internacionais de Catalogação na Publicação (CIP)
(Câmara Brasileira do Livro, SP, Brasil)

Resta, Alessia
  Mais plantas, por favor : Um guia para pais e mães de plantas / Alessia Resta, Vivian Lee ; ilustrações Lucila Perini ; tradução Guilherme Miranda. — 1ª ed. — São Paulo : Paralela, 2022.

  Título original: Plants Are My Favorite People: A Relationship Guide for Plants and Their Parents.
  ISBN 978-85-8439-241-4

  1. Jardinagem 2. Plantas 3. Plantas (Botânica) I. Lee, Vivian. II. Perini, Lucila. III. Título.

22-107888   CDD-581.4

Índice para catálogo sistemático:
1. Plantas : Botânica 581.4

Aline Graziele Benitez – Bibliotecária – CRB-1/3129

[2022]
Todos os direitos desta edição reservados à
EDITORA SCHWARCZ S.A.
Rua Bandeira Paulista, 702, cj. 32
04532-002 — São Paulo — SP
Telefone: (11) 3707-3500
www.editoraparalela.com.br
atendimentoaoleitor@editoraparalela.com.br

ESTA OBRA FOI COMPOSTA POR OSMANE GARCIA FILHO EM BLOCK E ANGIE E IMPRESSA PELA GRÁFICA SANTA MARTA EM OFSETE SOBRE PAPEL ALTA ALVURA DA SUZANO S.A. PARA A EDITORA SCHWARCZ EM JULHO DE 2022

A marca FSC® é a garantia de que a madeira utilizada na fabricação do papel deste livro provém de florestas que foram gerenciadas de maneira ambientalmente correta, socialmente justa e economicamente viável, além de outras fontes de origem controlada.

Para velhos e novos amantes de plantas
que fazem o mundo crescer

SUMÁRIO

11 **BEM-VINDOS À FAMÍLIA DAS PLANTAS**

12 POR QUE QUIS MAIS PLANTAS NA MINHA VIDA

17 COMO USAR ESTE LIVRO

19 PERGUNTAS FREQUENTES

31 TESTE PARA PAIS E MÃES DE PLANTA

51	**COMO TRANSFORMAR SEU HOBBY EM UMA COLEÇÃO**
52	DICAS E TRUQUES PARA TER PLANTAS FELIZES
60	TUDO SOBRE UMIDADE: TEM UMA SELVA AQUI DENTRO!
65	CUIDADOS DE INVERNO
69	RECEITAS CASEIRAS DE TERRA
76	O QUE É PROPAGAÇÃO E COMO FAZER?
83	COMO PROCURAR UMA PLANTA SAUDÁVEL NA VIDA REAL

89	**QUE PLANTAS DÃO MATCH COM VOCÊ?**
94	PLANTAS LEAIS ATÉ O FIM

- 99 Planta-jade
- 101 Peperômia-melancia
- 103 Zamioculca
- 105 Espada-de-são-jorge
- 107 Jiboia
- 109 Tilândsia
- 111 Pata-de-elefante
- 113 Babosa
- 115 Tostão-rosa
- 117 Falsa-seringueira rubra

118	PLANTAS INSTAGRAMÁVEIS

- 123 Costela-de-adão
- 125 Mini-costela-de-adão
- 127 Filodendro-Brasil
- 129 Cacto
- 131 Planta-chinesa-do-dinheiro
- 133 Flor-de-cera Krimson Princess
- 135 Suculenta
- 137 Ave-do-paraíso
- 139 Palmeira-majestosa

140 OS CHEFÕES VEGETAIS

- 145 Aglaonema rosa
- 147 Alocásia frydek
- 149 Antúrio-clarinervium
- 151 Begônia-de-bolinhas
- 153 Chifre-de-veado
- 155 Maranta-cascavel
- 157 Figueira-lira

159 #COMUNIDADE JARDINEIRA

- 160 O QUE É A COMUNIDADE JARDINEIRA?
- 164 COMPRAR PLANTAS PELA INTERNET
- 172 COMO FAZER UMA SELVA CABER NA SUA CASA
- 176 CUIDAR DE PLANTAS É AUTOCUIDADO
- 180 PLANTAS FAZEM O MUNDO GIRAR

- 183 Glossário
- 186 Agradecimentos
- 189 Índice remissivo

BEM-VINDOS À FAMÍLIA DAS PLANTAS

POR QUE QUIS MAIS PLANTAS NA MINHA VIDA

Sou Alessia Resta, artista,
gamer, mãe de planta
e criadora do Instagram
@apartmentbotanist.

Desde criança, sempre soube que queria ser artista. Quando finalmente tive a chance de estudar artes, fui para a School of Visual Arts de Nova York, onde me especializei em escultura e bioarte. Eu me apaixonei pelas formas físicas que encontramos na natureza — em particular, as de plantas e seres marinhos. Durante meus estudos, comecei a me perguntar como essas plantas e criaturas do mar se comportariam se usassem as redes sociais. Por causa do meu TCC, comecei a comprar plantas pela aparência delas, sem levar em conta suas necessidades básicas, de que precisavam para sobreviver. Eu fazia terrários e testava diferentes designs para instalações com plantas, transformando-as, junto com outras imagens inspiradas na natureza, em esculturas. Mas eu também estava matando plantas — muitas. Eu tinha zero conhecimento sobre como cuidar delas, e passei anos fazendo perguntas (as mesmas que hoje recebo no Instagram) até aprender tudo que agora compartilho com meus seguidores e estou prestes a compartilhar com você.

Depois que me formei, passei a tocar meu próprio negócio, a exibir minha obra em galerias de arte e a enfrentar alguns problemas de saúde. Com a vida num ritmo acelerado, eu precisava muito de uma válvula de escape. Comecei a pesquisar hobbies e passatempos que pudessem me ajudar a lidar melhor com a ansiedade e ter mais positividade na vida. Então olhei para a crescente coleção de plantas no meu apartamentinho e me dei conta: o que até então era uma distração passiva na minha rotina frenética tinha começado a se tornar algo muito mais significativo.

Comecei a pesquisar o nome científico das minhas plantas e de onde elas eram nativas. Queria saber qual seria o melhor ambiente para elas se desenvolverem. Percebi que alguns dos meus cactos nunca dariam flor a menos que eu estivesse disposta a controlar ativamente o ambiente, alterando a luz e a temperatura de acordo com as suas necessidades. Mas eu não tinha muito tempo ou paciência para me comprometer com tudo isso. Eu definitivamente *ainda* não era o tipo de mãe de planta que queria ser. Ainda estava aprendendo a equilibrar meu tempo e minha carreira, enquanto tentava encontrar um solo firme para fincar minhas próprias raízes.

Anos depois, lá estava eu vivendo enfurnada no meu apartamento em Nova York quando, em fevereiro de 2017, pensei que seria irônico, desafiador e engraçado ter minha própria selva urbana e manter plantas raras em plena cidade. Eu também gostava da ideia de poder proporcionar a quem me visitasse a chance de ver uma planta que as pessoas provavelmente nunca teriam a oportunidade de conhecer ao vivo. Minha pequena ideia brotou e floresceu por meio da minha conta no Instagram, @apartmentbotanist.

Criei a conta na esperança de que a descontração dela trouxesse a mesma alegria para meus seguidores e desse às pessoas um gostinho de como era cuidar de uma floresta dentro de casa em meio a uma selva de concreto. Agora cuido de mais de duzentas plantas — uma bela mistura de plantas raras e comuns — em meu apartamento de setenta metros quadrados no bairro Upper West Side. Com o projeto

Apartment Botanist, comecei a transformar tudo que ia aprendendo (e queria ter aprendido antes) em dicas e truques para quem ainda era novato com plantas, para ajudar essas pessoas a se divertir e experimentar nesse universo. Adoro sentir que posso fazer a diferença ajudando as pessoas a conquistar a tão necessária "confiança botânica".

Pois aprender a cuidar das minhas plantas também me ajudou, além de tudo, a cuidar de mim mesma. Assim, comecei a desenvolver um laço natural com minhas amigas folhosas. Se eu negligenciava minhas próprias necessidades, minhas plantas também acabavam sendo mal-cuidadas. Vê-las daquela forma acabava me fazendo ser mais responsável comigo mesma: desse modo, eu podia cuidar direito delas, do meu namorado, Micah, e dos meus dois assistentes caninos, Pachino e Zeus, da melhor forma possível.

Adoro abrigar todas essas plantas e tomar conta delas. Apesar da falta de espaço no meu apartamento, demos nosso jeito e aliamos isso à decoração do lugar. Nossas plantas são parte de nossa pequena e única família, e gostamos que seja assim. A rotina de cuidado com as plantas também me ajudou em muitos aspectos inesperados. Elas não apenas me ensinaram sobre paciência e dar tempo ao tempo como também melhoraram meu bem-estar geral e trouxeram muita positividade para a minha vida. Também fiz amigos de verdade ao compartilhar meus sucessos e fracassos botânicos no meu Instagram e na vida real. Saio com eles para comprar plantas (veja mais sobre isso na p. 163) e até trocamos mudas (aprenda mais na p. 161). O *Apartment Botanist* me ajudou a estimular uma grande comunidade local e internacional de amantes de plantas, permitindo que eu me conectasse com milhões de pais e mães de plantas na internet e criasse uma rede de apoio para o cuidado com esses seres vegetais (e também para o autocuidado).

Tomar conta da minha coleção de plantas, me envolver nessa comunidade e manter o *Apartment Botanist* me ajudou a perceber como cheguei longe desde que comecei minha jornada botânica, e a me dar conta de todas as coisas incríveis e inesperadas que as plantas trouxeram para a minha vida — incluindo este momento, em que escrevo este livro para você. Cada pessoa tem uma experiência diferente com plantas, mas se abrir para a felicidade e para as lições que elas nos dão são os primeiros passos na sua jornada.

Este livro é resultado de muitos anos de conhecimentos adquiridos comprando, colecionando e cuidando de plantas. Independente de você querer só algumas plantas para enfeitar um lugar ensolarado ou uma coleção que vá do chão até o teto e que mais lembre uma floresta tropical, este guia é para você. Vamos descobrir sua personalidade de pai ou mãe de planta (faça o teste na p. 31), quais plantas dão mais certo para você e seu espaço (incluindo algumas opções inesperadas!), e as táticas para comprar plantas (e evitar golpes vegetais). Assim como nem todas as plantas são iguais, nem todos os conselhos sobre elas se aplicam a tudo. Espero guiá-lo em sua jornada botânica para que entenda o que você e seu ambiente têm a oferecer.

As plantas têm características sutis que as tornam únicas, mas, no fim das contas, são minhas criaturas favoritas porque *sempre* valem o esforço. Elas me deram tanto quanto dei a elas. Construir essa relação com minhas amigas vegetais foi a parte mais gratificante da minha jornada de mãe de planta, e espero ajudar você em sua jornada para descobrir a magia das plantas.

COMO USAR ESTE LIVRO

Este livro tem o objetivo de guiá-lo na sua jornada como pai ou mãe de planta. É um guia feito para ser lido e relido à medida que você desenvolve sua confiança botânica. Além de trazer informações sobre as plantas que mais combinam com você, ele o ajudará a descobrir que tipo de pai de planta é (e a ver como dá para mudar conforme for desenvolvendo esse hobby). O resultado do "Teste para pais e mães de planta" (p. 31) realmente muda à medida que você avança na sua trajetória botânica.

Pense neste guia como um conjunto de ferramentas para te auxiliar enquanto você cresce e amadurece como pai de planta. Volte sempre que precisar de uma dica rápida ou de uma ajudinha na autoconfiança, e sempre que quiser aprender mais sobre sua identidade de pai ou mãe de planta (ou mesmo refazer o teste!). Estas páginas vão estimular você, dando um ponto de partida. Você é o autor e o protagonista de sua própria jornada de pai de planta; estou aqui apenas para mostrar as possibilidades.

PERGUNTAS FREQUENTES

Eu tinha muitas dúvidas quando comecei. Não sabia a quem recorrer para encontrar as respostas, nem onde buscá-las, então passei muito tempo coletando informações. Agora passo meu conhecimento e minha experiência adiante para você. Aqui vão algumas das perguntas que mais recebo pelo *Apartment Botanist*.

1. O que é "autoconfiança botânica"?

Ter autoconfiança botânica é se sentir seguro a respeito de suas habilidades quando tiver êxito com as plantas e não perder as esperanças quando uma planta sob seus cuidados morrer. Tem a ver com apreciar todos os pequenos e grandes erros que podem — e vão — acontecer, e que ensinam muito sobre suas plantas e o tipo de pai de planta que você é ou se tornou.

O que mais desejo para todos os pais de planta é que vocês desenvolvam e fortaleçam sua autoconfiança botânica. Quanto mais você avança em sua jornada, mais forte ela fica. Se eu tivesse desistido depois de cada planta que matei, não teria chegado à coleção que tenho agora! Do mesmo modo, se tivesse deixado meus sucessos botânicos subirem à cabeça, nunca teria me desafiado a introduzir novas plantas no meu espaço.

2. As plantas realmente purificam o ar?

Se as plantas agem ou não como um purificador natural é uma das grandes discussões na comunidade jardineira. Ainda que muitas pessoas relatem que suas plantas melhoram seu humor e sua saúde mental, não existe nenhuma evidência indicando que plantas em geral — ou plantas específicas — purifiquem o ar. Cientistas estudaram esse tópico sob condições controladas e não encontraram nenhuma forma de provar a teoria. Embora dados tenham confirmado que as plantas podem ajudar a aumentar o nível de oxigênio em um ambiente, isso só é mensurável em grandes quantidades, como em todo um ecossistema florestal.

3. Qual é a melhor luz para a minha planta?

Identificar o tipo de luz disponível em seu ambiente interno é essencial para entender o que ele tem a oferecer. A melhor forma de verificar isso é estudando o seu ambiente: como é a luz ao longo do dia? Você tem manhãs claras e tardes de sombra?

Faz sol o dia todo? Entra sol pela janela (ou seja, há luz direta)? Quando você sabe como a luz se comporta em uma área, pode começar a avaliar os tipos de plantas que é possível acrescentar com sucesso à sua coleção. Tenha em mente que a experimentação é o tempero da vida; você pode se surpreender com as plantas que se dão bem no seu espaço. E, se estiver lidando com uma situação de pouca ou nenhuma luz, ainda assim pode usar a criatividade com luzes de crescimento, terrários e vivários.

4. O tamanho da janela faz diferença?

O tamanho da janela só importa em termos de *abundância* de luz. Em outras palavras, o tamanho da janela determina a *quantidade* de luz (qualquer que seja o tipo; pense nela como um amplificador — ou não — dessa luz). Portanto, mesmo que você não tenha janelões cobrindo toda a parede, é importante saber quanta luz sua janela deixa entrar antes de buscar a espécie vegetal certa para a sua casa.

5. Importa o estado da planta que levo para casa?

Sim! Antes de levar uma planta para casa, você deve inspecionar como estão as folhas e a terra, e avaliar a saúde e a aparência dela como um todo. Plantas podem ter pragas, e trazer uma planta infestada para casa pode criar um problema — especialmente se você já tiver uma coleção crescente. Quanto às pragas, inspecione primeiro as folhas, incluindo a parte de trás, em busca de marcas, como manchinhas amarelas. A maioria das pragas se esconde justamente na parte de trás das folhas ou nos recantos e nas fendas da planta. Não se esqueça de inspecionar bem o caule e a terra também. Se alguma coisa parecer suspeita, peça a ajuda de alguém. Ou simplesmente não leve a planta para casa. E, claro, assim como você deve verificar com cuidado se não há pragas na planta antes de introduzi-la no seu lar, também preste atenção nos sinais preliminares de novo crescimento e nas folhas saudáveis e viçosas. Além disso, as plantas às vezes se estressam ao mudar de ambiente, então dê tempo para elas se acostumarem com a luz, a temperatura e o novo espaço como um todo.

6. Como acostumo minhas plantas com a vida entre quatro paredes?
Pressupondo que você tenha inspecionado a planta direito antes de trazê-la para casa, você deve isolar essa planta por duas a três semanas. Esse tempo de isolamento é para ajudar a descartar pragas, uma vez que a maioria dos ciclos de vida de pragas surge nesse período. Esse isolamento pode variar a depender do seu espaço. Mas deixe as plantas a serem isoladas pelo menos alguns metros longe do restante: isso pode salvar suas bebês de uma infestação de pragas ou de uma doença desastrosa. Esse período de isolamento também é uma excelente forma de dar tempo para a planta se acostumar com a temperatura e a luz do novo lar. As plantas podem levar de semanas a meses para se acostumar com o espaço. Fatores como nível de maturidade (plantas juvenis são mais delicadas) e estabelecimento de novas raízes têm um papel importante no tempo em que as plantas podem levar para se adaptar. Um bom sinal de que ela está se acostumando bem é quando ocorre um crescimento novo na planta; isso significa que as raízes estão se desenvolvendo e que a planta está satisfeita em seu novo lar!

7. Como enfrentar as pragas?
Um dia, notei coisinhas brancas se movendo por todo o meu terrário de suculentas. Mergulhei na pesquisa e descobri que aqueles bichinhos que pareciam algodão eram cochonilhas--farinhentas, e elas devastaram toda a minha coleção.

Tratar pragas nunca é uma tarefa fácil, especialmente quando isso se torna uma batalha árdua para salvar suas plantas. Antes de tudo, você precisa isolar as plantas afetadas do restante da coleção.

UM PÉ DE FRACASSO

No primeiro ano da minha jornada com as plantas, comprei uma bananeira-variegata, que, até então, tinha sido a aquisição de planta mais cara que eu já tinha feito. Custava mais de cem dólares, e ainda me lembro de como estava nervosa quando cliquei naquele botão de "Fazer o pedido".

Como você deve imaginar, cometi muitos erros. Primeiro, eu achava que a planta fosse chegar crescida e pronta para se juntar à minha coleção. (Dica importante: ao comprar uma planta sem vê-la, nunca presuma sua maturidade até que ela esteja diante de você.) Depois achei que cuidar dela fosse ser como cuidar das outras plantas tropicais que eu tinha, mas logo descobri que isso não era verdade. Além disso, eu não tinha feito absolutamente nenhuma pesquisa, então, quando a recebi, não estava nem um pouco preparada para o que saiu da caixa. Parecia um toco com um caule que mais lembrava um osso brotando no topo, o que fazia a coisa toda parecer um pé amputado de desenho animado.

Na época, eu não sabia que aquilo era apenas o rizoma dela (ou seja, a raiz inchada); hoje sei que isso é normal para essa planta. Ela cresceu rápido, e logo me dei conta de que não tinha me preparado para ela. Com muita ajuda da comunidade jardineira on-line, coletei informações e comecei a transformar aquela coisinha feia em uma verdadeira belezura. Ela ficou enorme no decorrer de um mês e logo bateu no teto do meu apartamento. Foi em uma tarde ensolarada que uma teia fininha chamou minha atenção. Descobri que a planta tinha uma infestação de ácaros-aranha, que depois aprendi se tratar de uma praga comum em bananeiras. Eu não fazia ideia de como resolver aquilo, e a infestação acabou se espalhando para as outras plantas ao redor. Fiquei devastada e tentei todo tipo de tratamento errado e excessivamente agressivo para salvar aquela planta que eu havia me esforçado tanto para cultivar — o que, é claro, só piorou tudo. Fiz um último esforço desesperado para salvá-la, mas a planta toda acabou apodrecendo. Foi devastador, para dizer o mínimo, mas acabou sendo um curso intensivo importantíssimo sobre cuidados básicos com plantas.

Eu tinha documentado superempolgada, no *Apartment Botanist*, o crescimento da bananeira desde a sua chegada, mas agora tinha que pôr um fim à vida e à fama dela. Percebi que meu aspecto favorito de ter aquela planta não era exatamente tê-la e cultivá-la, mas o efeito que ela tinha sobre as pessoas, inclusive sobre mim mesma. Foi uma montanha-russa de emoções, desde o começo dela ainda no rizoma até seu trágico fim apodrecido.

JÁ PASSEI POR ISSO!

Certa vez, comprei uma linda comigo-ninguém-pode para os meus pais, para a área externa da casa deles, e, quando as temperaturas caíram, eles decidiram trazer a planta para o lado de dentro. Bom, aquela linda comigo-ninguém-pode se revelou infestada de ácaros-aranha. Para proteger as outras plantas deles, primeiro instruí meu pai a isolar aquela, depois a limpá-la e tratá-la. Mas, mesmo depois de tudo isso, a saúde dela ia de mal a pior. Tive que dar a notícia para meus pais de que era hora de dizer adeus e tentar de novo na primavera, dessa vez com alguns tratamentos preventivos. Despedir-se de uma planta nunca é fácil, mas às vezes é o melhor a se fazer, para você e sua coleção de plantas.

Prepare as áreas de superfície, desinfetando-as. Depois, identifique o tipo de praga que pode ser. Algumas das mais comuns são cochonilhas-farinhentas e outros tipos de insetos-escama, ácaros-aranha, pulgões, moscas-dos-fungos e tripes, mas uma busca rápida na internet normalmente vai dizer tudo que você precisa saber. Agora vem o tratamento, e ele pode variar de acordo com a praga e com sua escolha pessoal (ou seja, se prefere soluções naturais ou opções químicas). A maioria dos tratamentos envolve limpar a planta e o vaso e, muito provavelmente, trocar a terra, o que sugiro fortemente. Também é bom pesquisar com que frequência você deve tratar a planta, com base no ciclo de vida da praga.

Mesmo se seguir todos esses passos, é possível que infelizmente você tenha que dizer adeus à sua planta antes que ela infecte o restante da sua coleção. Essa parte nunca é fácil, mas às vezes é a única solução.

8. Tenho que trocar minha planta de vaso?

Se puder, sugiro trocar a planta de vaso ao trazê-la para casa. Isso não apenas vai eliminar qualquer praga que tenha vindo de carona como também vai preparar sua planta para o sucesso a longo prazo. Normalmente, as mudas que já estão prontas para serem vendidas em seus vasos também estão prontas para serem plantadas em um vaso permanente. O segredo é encontrar um que seja cerca de cinco centímetros maior (em diâmetro) do que o vaso da muda. (Veja "Como trocar uma planta de vaso" na p. 29.)

9. Como regar minhas plantas?

Essa na verdade é uma questão mais complicada do que você pensa! São muitos os fatores envolvidos na rega. Por exemplo, você tem que considerar o material e o tamanho do vaso, quanta luz a planta está recebendo, o tipo de terra ou substrato usado no plantio, a temperatura e a umidade do ambiente e em qual fase do ciclo de crescimento sua planta está.

Mas, por ora, comece regando suas plantas abudantemente na base delas, onde tocam o solo, e faça isso devagar, até a água começar a sair pelo furo de drenagem do vaso. Manter uma agenda de cuidados estruturada é fundamental. Para plantas que precisam ser regadas com mais frequência, coloque-as em vasos de plástico e use um meio de cultivo que retenha umidade, em vez de usar, por exemplo, um vaso de barro (ou terracota) com um substrato mais solto e aerado (dê uma olhada em "Receitas caseiras de terra" na p. 69 para aprender mais a respeito).

Mantenho minhas plantas em uma rotina de rega semanal, mas cada uma recebe um tratamento específico. Gosto de pensar no cuidado com a planta em termos diários, semanais e mensais. Isso ajuda a separar as tarefas, das menores às maiores. Não se preocupe; vou tratar de todos os detalhes na parte III.

DICA FÉRTIL

TENTE NÃO DEIXAR NENHUMA ÁGUA PARADA NA BASE DA PLANTA OU ENTRE SEUS CAULES PORQUE ISSO PODE FAZER SUA PLANTA APODRECER.

10. Posso só borrifar minhas plantas que amam umidade?

Ao colecionar plantas raras, mas também algumas das mais comuns, logo percebi que meu apartamento seco e de clima temperado em Nova York não era o ambiente ideal para elas. Como a maioria de nós não tem o prazer de viver em um paraíso tropical, um borrifador é uma ótima ferramenta para ter em casa, especialmente durante a fase de crescimento das plantas. Eu pessoalmente uso um borrifador para ajudar as folhas a se abrirem, o que é útil para meus filodendros. Se você não tiver um umidificador de ambiente, um borrifador é uma solução perfeita.

Mas é importante tomar cuidado com a quantidade de água que pode se acumular na superfície das folhas de sua planta. Água acumulada pode favorecer o crescimento de fungos prejudiciais à sua folhagem. Em geral, é crucial que as plantas tenham uma boa circulação de ar ao redor delas para que a superfície de seus poros e folhas fique saudável.

Para uma solução de umidade mais consistente, opte por um umidificador ou use pedriscos, miniestufas e/ou potes de cura (ver p. 63).

11. Minha planta morreu?

Quando você vê uma planta em uma loja ou nas redes sociais, é muito provável que esteja vendo a espécie vegetal em seu ápice. Como a maioria dos seres vivos, as plantas têm ciclos de crescimento, então não se assuste se sua planta nem sempre estiver cheia de folhas verdes.

Então, será que sua planta morreu? Existem formas eficazes de saber se sua planta partiu desta para uma melhor. Cheiro estranho e raízes pretas e/ou molengas (ou raiz nenhuma) são sinais óbvios; se sua planta tiver algum desses sintomas, pode ser hora de se despedir de sua filha vegetal.

12. Posso transferir minha planta para a área interna ou externa de casa?

Uma das diferenças mais significativas entre plantas que ficam dentro ou fora de casa é que na área interna você pode controlar o ambiente, manipulando a luz, a temperatura e a umidade. Com plantas na área externa, você precisa conhecer sua região e o clima em que vive.

Muitos pais de planta gostam de colocar suas plantas na área externa de casa durante os meses mais quentes e trazê-las de volta para dentro quando o clima começa a esfriar. Se você se encaixa nessa categoria, lembre-se de acostumar suas plantas aos poucos com a mudança de ambiente. Por exemplo, se as plantas passarem por um choque quando voltarem para dentro de casa, lembre-se de proporcionar luz e rega constantes. Isole-as até ter certeza de que não está trazendo nenhuma praga para dentro. Se desconfiar que uma planta trouxe algum bichinho de carona, siga os passos da p. 87. Um bom truque é ter uma área de transição separada só para essas plantas da área externa que vêm para a área interna; assim, elas se mantêm juntas, e você pode instalar uma luz de crescimento para ajudar a mantê-las felizes ou, pelo menos, estáveis até elas voltarem para a área externa.

COMO TROCAR UMA PLANTA DE VASO

Escolha um vaso cujo diâmetro seja até cinco centímetros maior do que o vaso atual. Não é bom mudar a planta de um vaso pequeno para um vaso grande demais porque é possível que o espaço de plantio extra cause muita retenção de umidade, o que pode apodrecer as raízes da planta.

1 Comece colocando sua terra ou substrato de plantio na base do vaso. Se estiver usando um vaso com um furo de drenagem, é normal que um pouco da terra escape pelo buraco. Você pode manter sua superfície de trabalho limpa cobrindo-a com uma lona ou jornal reciclado.

2 Quando tiver preenchido até um quarto do vaso com o substrato de plantio, coloque a planta no vaso. Segure-a na altura onde deve ficar a linha da terra, a mesma em que estava no vaso da muda.

3 Enquanto segura a planta no centro do vaso, comece a acrescentar a terra vegetal embaixo e em volta da planta e de suas raízes. Lembre-se de fazer isso devagar para não machucar as raízes. Tente não enterrar demais a planta na terra — toda essa umidade pode apodrecer o caule.

4 Se a planta não ficar firme e não parar em pé, você pode usar treliça ou gravetos para ajudar a estabilizá-la até que suas raízes se estabeleçam.

5 Dê à planta cerca de um mês para se acostumar, depois verifique se ela está firme dando uma puxada de leve. Se a planta sair do lugar, ela não criou raízes na terra nova; se você encontrar resistência ao puxar, é uma boa notícia.

TESTE PARA PAIS E MÃES DE PLANTA

eu caminho para o sucesso com as plantas nem sempre foi só flores — foi necessário desenvolver um uso criativo da umidade, das luzes de crescimento e das misturas de terra! É preciso ter muita paciência e disposição para aprender sobre as plantas que você escolheu manter em seu espaço. Para entender as plantas, a personalidade de cada uma, você também precisa entender quem você é como pai ou mãe de planta.

Ao longo deste guia, falo de todos nós como "pais de planta". E qualquer pai ou mãe vai dizer que ser responsável por um ser vivo é tão gratificante quanto desafiador! E existem tantos tipos de pais de planta quanto existem plantas.

Admito que já me senti como cada tipo possível de mãe de planta em algum momento ao longo dos anos, e acho que é sempre uma boa ideia comprar plantas com uma noção real de quanto trabalho você quer dedicar a elas. Além disso, você sempre pode voltar a este questionário quando quiser reavaliar seu estilo.

Faça este divertido teste para avaliar sua personalidade como pai de planta. Responda às perguntas da maneira mais sincera possível e some os resultados para descobrir sua personalidade particular na criação das suas filhas verdes. Tenha em mente que não há só uma maneira certa de ser pai de planta! O mais importante é saber o que funciona melhor para você e o que o deixa mais feliz.

QUESTÃO 1:
Você está em uma loja de plantas e a primeira coisa que faz é:

1 PONTO: Se pergunta como veio parar aqui.

2 PONTOS: Pede ajuda a um funcionário para escolher uma planta.

3 PONTOS: Escolhe todas as plantas que vai comprar para o apartamento novo do seu amigo.

4 PONTOS: Se arrepende de não ter pegado um carrinho porque suas mãos já estão cheias com cinco novas plantinhas.

5 PONTOS: Admira as plantas, mas se dá conta de que já tem a maioria das espécies que essa loja tem a oferecer.

TOTAL DE PONTOS ATÉ AGORA: _____

QUESTÃO 2:
Você acabou de comprar plantas e as trouxe para casa. O que faz então?

1 PONTO: Troca uma ideia com sua planta e pensa se deve comprar mais algumas.

2 PONTOS: Faz uma pesquisa meticulosa sobre sua planta nova.

3 PONTOS: Rearranja todas as suas plantas para abrir espaço para a nova. Você também já documentou toda a jornada da planta da loja até sua casa.

4 PONTOS: Isola a planta, dá um nome para ela, mostra seu novo lar e a apresenta para sua nova família de plantas.

5 PONTOS: Isola a planta rigorosamente por pelo menos duas semanas para descartar qualquer praga ou problema que possa afetar o restante da coleção. Você não deixa nada na mão do acaso!

TOTAL DE PONTOS ATÉ AGORA: _____

QUESTÃO 3:

Você encontrou um bicho na sua planta. Você...

1 PONTO: Não sabia que bichos podiam viver em plantas de apartamento.

2 PONTOS: Tenta identificar qual é o bicho e como se livrar dele.

3 PONTOS: Se sente pessoalmente agredido por sua planta ter feito isso com você e avisa a loja que as plantas deles estão cheias de bichos.

4 PONTOS: Já está procurando um lugar novo para morar.

5 PONTOS: Começa a limpar a planta e a casa inteira meticulosamente.

TOTAL DE PONTOS ATÉ AGORA: _____

QUESTÃO 4:

Tem alguma coisa errada com sua planta nova, então você...

1 PONTO: Joga a planta fora.

2 PONTOS: Envia mensagem para algumas pessoas do seu grupo de plantas em busca de conselhos e apoio moral.

3 PONTOS: Corta fora as folhas feias porque elas não são agradáveis de olhar.

4 PONTOS: Entra no modo de salvação de plantas e resgata a planta da beira da morte.

5 PONTOS: Tira mudas para evitar o pior e faz de tudo para recuperar a planta.

TOTAL DE PONTOS ATÉ AGORA: _____

QUESTÃO 5:

Um amigo está dando uma festinha para trocas de plantas, você leva:

1 PONTO: Queijos e vinhos.

2 PONTOS: Uma plantinha nova que comprou na loja.

3 PONTOS: Uma muda de uma planta que você tem certeza de que ninguém nunca viu antes, mas que todos precisam ter em sua coleção.

4 PONTOS: Um mínimo de dez mudas de uma planta que está criando.

5 PONTOS: Algumas plantas raras que você mesmo plantou e quer compartilhar porque todos devem ter a chance de cultivá-las.

TOTAL DE PONTOS ATÉ AGORA: _____

QUESTÃO 6:

Uma planta que você tem há muito tempo está começando a ficar esquisita. Você...

1 PONTO: Pensa se não deve ser melhor trocar por uma artificial, porque assim ela nunca ficará feia.

2 PONTOS: Fica com medo de não conseguir mantê-la viva e pensa se não deve começar a comprar menos plantas.

3 PONTOS: Já está comprando uma nova.

4 PONTOS: Surta e pensa em todas as coisas que fez de errado.

5 PONTOS: Tenta analisar qual pode ser o problema. Desenterra a planta e dá uma olhada na saúde da raiz para avaliar.

TOTAL DE PONTOS ATÉ AGORA: _____

QUESTÃO 7:

Um amigo pede conselhos sobre plantas. Você:

1 PONTO: Fala para ele comprar plantas artificiais para não ter chance de as plantas morrerem.

2 PONTOS: Manda o link de todos os pais de plantas instagrammers que conhece e/ou lojas favoritas com ótimas informações.

3 PONTOS: Fala para ele introduzir plantas novas no espaço e ver como elas se dão.

4 PONTOS: Conta sobre todos os fracassos de jardinagem pelos quais você já passou e como não cometer os mesmos erros.

5 PONTOS: Fala para ele primeiro analisar o tipo de ambiente que o espaço dele oferece e depois pesquisar os tipos de plantas que ele quer comprar.

TOTAL DE PONTOS ATÉ AGORA: _____

QUESTÃO 8:

Você descreveria sua coleção de plantas como...

1 PONTO: "Legalzinha"

2 PONTOS: "Uma graça"

3 PONTOS: "Seguindo as tendências"

4 PONTOS: "Perfeita"

5 PONTOS: "Em constante expansão"

TOTAL DE PONTOS: _____

1-8 PONTOS:

O VIAJANTE DO MUNDO

* Pensa nas plantas mais como decoração
* Nunca para em casa para regar as plantas em um horário regular
* Já pensou em trocar plantas de verdade por artificiais
* Conhece as plantas pelos nomes comuns
* Rega as plantas que já estão mortas
* Às vezes até esquece que tem plantas

Você vive ausente, tanto física quanto mentalmente, como se estivesse viajando. Talvez sua agenda lotada esteja te impedindo de se lembrar dos seres vivos folhosos que habitam sua casa, ou você nunca está lá para prestar atenção neles. Tente começar aos poucos, com uma ou duas plantas, para ver se pega gosto pela coisa. Se você se encaixa nesta categoria, é o candidato perfeito para ter algumas das "Plantas leais até o fim" (p. 94). É o ponto ideal para começar sua jornada na jardinagem: a facilidade de cuidar delas vai inspirar sua confiança botânica.

JÁ PASSEI POR ISSO!

Cansado, estressado e ocupado demais para cuidar das plantas? Quando passo por esses períodos mais difíceis, até me iludo cogitando reduzir minha coleção.

Para mim, o maior desafio para cultivar plantas com sucesso é equilibrar muitos trabalhos e projetos com a minha paixão por elas. Houve momentos em que eu andava tão ocupada que até meu namorado, Micah, notou a quantidade de plantas que eu estava perdendo. Sem dúvida, é uma forma de testar a resiliência das suas plantas! *Mas* isso não é nada razoável se você quiser continuar tendo plantas no seu espaço a longo prazo.

9-17 PONTOS:

TÍPICO TRABALHADOR DE JORNADA FIXA

* A maioria dos pais de planta da comunidade
* Gosta quando todas as plantas têm as mesmas necessidades de cuidado, como um dia específico de rega
* Não esquenta a cabeça por coisas comuns como uma folhinha amarelada de vez em quando (até deixa as folhas amareladas caírem sozinhas)
* Faz pesquisas básicas sobre o que pode ou não funcionar em seu ambiente
* Está disposto a comprar uma luz de crescimento se uma planta precisar
* Não escolhe um favorito entre suas filhas vegetais

Quase todo fim de semana, você marca de visitar uma nova loja de plantas. Está amando seu novo hobby botânico e segue uma rotina rígida de rega. Você adora aprender novas formas de cuidar delas e está aberto a ter mais plantas, mas também sabe dos seus limites. Você segue fielmente uma rotina simples e planejada de cuidado para que possa aproveitar suas plantas e todo o bem que elas trazem para sua casa.

JÁ PASSEI POR ISSO!

Antes de começar a colecionar plantas a sério, eu era uma típica mãe com jornada fixa de trabalho e às vezes pegava novas plantas sem nenhum conhecimento básico sobre elas. Eu não sabia que as plantas tinham muitas outras necessidades além das que eu estava saciando — ficava só torcendo para que desse tudo certo.

18-26 PONTOS:

O DESIGNER

* Adora encher todas as prateleiras com um filhote vegetal
* Pensa nas plantas como um elemento de decoração da casa
* Prefere cuidar de plantas que se adaptem bem ao espaço em vez de fazer ajustes no espaço para elas
* Seu espaço é cheio de elementos instagramáveis
* Com certeza tem filhas folhosas favoritas
* Escolhe plantas com base na facilidade de cuidado e na aparência geral
* Não curte resgatar plantas moribundas das lojas

Você adora ir atrás da planta da moda, e já tem o lugar perfeito para ela na sua casa. O designer joga o jogo da popularidade jardineira e sabe muito bem quais são suas favoritas (a planta-chinesa-do-dinheiro é um exemplo perfeito).

Você vive mudando suas plantas de lugar para ressaltar a beleza delas e usa sua criatividade com vasos e peças diferentes de decoração — tudo para dar destaque às suas plantas! O posicionamento e a estética são uma prioridade para o designer.

JÁ PASSEI POR ISSO!

Admito que já comprei plantas apenas com base na aparência delas, sem me importar com as necessidades das pobrezinhas. Às vezes não dá para resistir àquelas folhas viçosas, especialmente se forem #tendência. Mas tenha em mente as necessidades da sua planta ao procurar o lugar perfeito para colocá-la! Se ela precisar de mais luz, talvez haja algum parapeito de janela precisando de um toque de verde.

27-35 PONTOS:

O SUPERPROTETOR

* Tira as folhas amarelas e marrons no instante em que aparecem
* Dá nome para as plantas, mas também sabe o nome científico delas
* Adora limpar as folhas até ficarem brilhantes
* Está disposto a mudar o ambiente da casa para atender às necessidades das plantas
* Isola plantas novas para descartar qualquer praga antes de as apresentar ao restante da família vegetal
* Confunde perlita com cochonilhas-farinhentas e trata toda a coleção por *via das dúvidas*
* Contrata um serviço de babá de planta quando viaja
* Transforma qualquer conversa em um papo sobre plantas

Cuidar de plantas pode ser uma montanha-russa emocional. Quer você tenha três plantas ou trezentas, o bem-estar delas é sua maior prioridade. Quase todas as pessoas têm esse tipo de personalidade em algum momento da criação das plantas. Trazer uma plantinha nova para casa pode ser emocionante, e você quer ser o melhor pai ou mãe possível. Você lê todos os livros sobre o assunto, faz um ou dois cursos e até altera o espaço para sua nova coleção de filhotes vegetais. Você vigia de perto sua coleção para logo identificar se der algo errado.

JÁ PASSEI POR ISSO!

Até hoje, ainda me pego às vezes obcecada pelas minhas plantinhas. Quando comecei a aumentar minha coleção, vivia em cima das plantas para confirmar se elas ainda estavam vivas ou monitorar sua saúde em busca de sinais de declínio. Essa personalidade de mãe de planta ainda surge de vez em quando, ainda mais se tenho um novo filhote vegetal para apresentar à família. Com confiança botânica suficiente, esse não vai ser o *único* tipo de pai ou mãe de planta que você vai se tornar.

36-44 PONTOS:

O COLECIONADOR

❋ Se informa sobre o ambiente nativo da planta e as condições que sua casa oferece

❋ É preocupado com uma criação ética para as plantas

❋ Costuma cuidar de várias plantas da mesma família

❋ A casa mais parece uma estufa

❋ Tem várias áreas para cultivar e fazer mudas

❋ Adora trocar plantas com outros colecionadores, como se fossem cartas de Pokémon

❋ A maior parte da coleção é de plantas raras e difíceis de achar

❋ Se distrai facilmente por assuntos envolvendo plantas

Você pira nas suas plantas. Está sempre buscando plantas diferentes para ter em casa e adora vê-las florescer. Se as plantas não estão indo bem, você não tem medo de enfrentar o problema (seja ele qual for).

Talvez você perceba que está satisfeito depois de adquirir apenas algumas plantas para a sua casa, e que comprará novas apenas de vez em quando. Ou talvez se dê conta de que o céu é o limite e que vai continuar sempre em busca de plantas bonitas para trazer para casa. Ser um colecionador não quer dizer necessariamente que já juntou muitas plantas, mas, sim, que tem famílias de plantas favoritas e adora colecionar espécies diferentes.

JÁ PASSEI POR ISSO!

Leva tempo até você montar sua coleção. Demorou bastante até eu sentir que tinha todas as plantas que queria em meu espaço e, ao mesmo tempo, com uma rotina de cuidados que fosse legal para mim. Isso requer muito equilíbrio e dedicação, mas vale a pena para o sucesso da coleção.

COMO TRANSFORMAR SEU HOBBY EM UMA COLEÇÃO

DICAS E TRUQUES PARA TER PLANTAS FELIZES

Parte da graça de ser pai ou mãe de planta é experimentar e ver o que funciona (ou infelizmente não funciona) para você. Durante essa fase, chega a ser surpreendente o que cada pessoa descobre que funciona ou não em sua casa. A melhor parte da minha jornada botânica são as dicas e os truques experimentais e essenciais que aprendi ao longo do caminho e que tornam muito mais fácil se familiarizar com as plantas.

Aqui vão algumas das minhas dicas favoritas para cuidar das plantas ao longo de todo o ano; elas vão ajudá-lo a ir de uma única planta para uma verdadeira coleção.

CONHEÇA SEU AMBIENTE

Antes de se comprometer com uma planta, entenda o tipo de luz que seu espaço oferece. Você pode baixar um aplicativo de bússola no celular e descobrir para que direção suas janelas estão voltadas. Que tipo de luminosidade essa planta vai receber? Quanto mais luz sua planta recebe, normalmente maior é a frequência com que ela precisa ser regada — ou seja, quanto menos luz, menos água. (Também é por isso que você deve regar mais no verão e menos no inverno!)

Também é importante tomar cuidado com condições extremas, como grandes variações de temperatura. Seu espaço é seco ou úmido, frio ou quente? Manter uma temperatura constante é parte essencial do cuidado com as plantas; mudanças extremas de temperatura podem ser um choque para elas. O clima da sua região também pode determinar a velocidade com que a terra da planta fica seca, e, desse modo, qual deve ser a frequência das regas.

Deixo a minha sala bem fresca o ano todo para manter uma média constante de temperatura em qualquer estação. Separo as plantas que precisam de calor ou umidade em áreas diferentes para fornecer a elas luzes de crescimento, tapetes térmicos e/ou umidificadores.

Na hora de comprar plantas, você vai notar que elas normalmente são categorizadas pela quantidade de luz que precisam receber. O que essas categorias significam?

SOL PLENO: É quando o ambiente recebe entre cinco e oito horas de luz direta, dependendo da estação, e normalmente está voltado para o norte ou leste (no caso do hemisfério Sul). Você provavelmente consegue ver o sol quase o dia todo.

MEIA-SOMBRA: Refere-se ao cômodo ou espaço em si que é iluminado ou cheio de luz, mas onde o sol bate diretamente só por algumas horas do dia. Também pode se referir à luz voltada para o leste, como a luz matinal, sem sol direto durante a maior parte do dia. Do mesmo modo, pode descrever o tipo de luz que vem de exposições do norte e do leste, mas longe da janela e apenas no ambiente aberto. Você provavelmente vê o sol por um tempinho, mas, mesmo que nunca o veja, o espaço continua iluminado.

SOMBRA: A maioria dos espaços internos tem uma condição de claridade sem luz direta, também chamada de "luz difusa". Os lados voltados para o sul, onde o sol não dá as caras diretamente, também estão nessa situação.

1	2	3	4
NORTE	**LESTE**	**OESTE**	**SUL**
Sol pleno	Luz direta de manhã	Luz indireta de manhã	Pouca luz indireta
	Luz indireta à tarde	Luz direta à tarde	

PESQUISE

Quando decidir trazer uma nova planta para casa, é sempre uma boa ideia reunir o maior número possível de informações sobre ela. Tenha em mente que as dicas de cuidado que você ouve e lê são sempre um ponto de partida — cada planta é um ser único. Você provavelmente vai aprender a fazer ajustes com base no seu espaço específico. Mas dê um passo além e pesquise sobre onde a planta vive na natureza. Como é esse habitat? Isso fornecerá um retrato claro do que essa planta vai gostar de ter em seu ambiente — dentro dos limites do razoável, claro!

Escolha o melhor vaso

BARRO COM DRENAGEM: O barro é poroso, permitindo que a umidade evapore mais rapidamente. É uma ótima opção para plantas que curtem uma situação de raiz mais aerada, pois o barro é respirável. Também é uma opção acessível para a maioria das plantas.

PLÁSTICO COM DRENAGEM: Vasos de plástico são perfeitos para plantas que precisam de um pouco mais de retenção de água porque o plástico não é poroso, portanto mantém a umidade por mais tempo. Adoro usar vasos de plástico quando estou fazendo a transição das minhas mudas da água para a terra.

CERÂMICA SEM DRENAGEM: Esses vasos podem ser uma ótima opção para plantas que precisam de mais hidratação e umidade porque a cerâmica é esmaltada, o que a torna impermeável. Meu truque favorito é colocar a planta em um vaso de plástico com drenagem dentro de um vaso de cerâmica com pedriscos ou bolinhas de argila expandida no fundo.

Qualquer que seja o vaso que você escolher, coloque nele uma camada de pedrinhas, carvão, esfagno e/ou pedriscos antes de acrescentar a mistura de terra para promover uma drenagem e uma filtração adequadas.

Você também deve estar preparado para limpar os vasos a cada seis meses ou um ano, de modo a verificar se suas plantas estão saudáveis.

TAMANHO IMPORTA: Outra coisa a considerar na hora de escolher vasos é o tamanho. Um vaso grande precisa de mais terra e, portanto, de mais retenção de água do que um vaso pequeno. Escolher o tamanho certo do vaso pode fazer a diferença. Você deve confirmar que está dando à sua planta um vaso que tenha um diâmetro até no máximo cinco centímetros maior do que aquele no qual ela veio, ou em que ela se encaixe confortavelmente (incluindo o sistema de raízes existente). Se estiver na dúvida, é sempre melhor optar pela menor dentre essas duas opções. Um vaso grande com uma planta pequena demais pode acabar causando o seu apodrecimento por causa do excesso de terra sobrando.

JÁ PASSEI POR ISSO!

São muitas as coisas que evitei fazer quando comecei minha jornada de mãe de planta, uma delas era fertilizá-las. Eu ficava intimidada com a ideia toda de oferecer um cuidado extra, mas, depois que adquiri confiança botânica suficiente para *aprender*, percebi que basta ler as instruções na embalagem, medir e lembrar que menos é mais! Isso deixou minhas plantas mais felizes e elas crescem em um ritmo mais consistente.

ISOLE A NOVA INTEGRANTE DA FAMÍLIA: Se você tiver uma coleção de plantas, isole as recém-chegadas para evitar infestações. Antes de trazer a planta para casa, inspecione as folhas e a terra e dê uma olhada na saúde e na aparência geral da planta. Pragas comuns às quais vale atentar são cochonilhas-farinhentas, tripes, ácaros-aranha, moscas-brancas, pulgões e lesmas. Se achar que encontrou alguma praga, identifique-a corretamente para buscar o tratamento adequado. A maioria dos tratamentos envolve limpar e borrifar a planta com produtos como óleo de neem e outros inseticidas. Uma prática comum no caso de pestes é tratar a planta a cada três ou cinco dias para conseguir interromper o ciclo de vida dos insetos. Pode ser frustrante, mas é também por isso que é bom manter as plantas isoladas até você ter certeza de que elas estão livres de pragas!

ESCOLHA O MELHOR SUBSTRATO DE PLANTIO: Dependendo das necessidades de água da sua planta, você deve se perguntar que tipo de terra ela vai precisar para crescer e ficar viçosa. A maioria das plantas que você compra e leva para casa vem com uma terra genérica. Levei muito tempo até me sentir confiante o bastante para começar a fazer minhas misturinhas de terra, mas depois que peguei o jeito, não fico mais sem elas. Agora tenho uma mistura básica de carvão e perlita, e, dependendo da planta em questão, incluo outros ingredientes conforme achar necessário. Veja as "Receitas caseiras de terra" na p. 69 para pôr a mão na massa e descobrir quais misturas funcionam melhor para suas plantas.

TURBINAR O CRESCIMENTO DE UMA PLANTA: Vamos falar sobre fertilizantes! Em plantas cultivadas em casa, os nutrientes disponíveis se limitam aos que você fornece na terra inicial que colocou no vaso. A maioria das terras vegetais tem pequenas quantidades de fertilizante para ajudar a impulsionar o crescimento da planta, porém, depois de um tempo, a planta vai esgotar esses nutrientes, o que pode prejudicar seu crescimento e até afetar sua saúde. Enriquecer a terra com fertilizantes ou nutrientes garante que suas plantas continuem saudáveis.

Existem diferentes tipos de fertilizantes, naturais e sintéticos, encontrados em diversas formas: em pó, líquido e em cápsulas, que podem ser adquiridos na internet ou em lojas. Comece por um fertilizante acessível e teste-o em algumas plantas. Muito importante: tome cuidado para não pesar a mão. Fertilizar sua planta em excesso pode resultar em uma "queimadura de fertilizante", o que é tão ruim quanto o nome indica. Siga as instruções do rótulo para não exagerar.

Lembre-se: embora você não deva esquecer de alimentar suas plantas durante a estação de crescimento (normalmente, os meses mais quentes), você também deve dar um pouco de alimento para elas durante os meses mais frios. Como as plantas de apartamento costumam crescer durante o ano todo, elas aceitarão com prazer novos nutrientes.

NÃO SE DEIXE SUFOCAR PELA SUA COLEÇÃO: É totalmente normal entrar e sair de fases com as plantas. Também é normal descobrir que algumas plantas que traziam felicidade não servem mais para você. Se você sentir que sua coleção passou dos limites, pode ser hora de dar uma esvaziada no "armário" de plantas. Aproveite a oportunidade para vender suas plantas saudáveis para pais de planta que estão começando ou doá-las para amigos, familiares, vizinhos, escolas, jardins comunitários ou lojas da região! Uma boa forma de manter sua coleção renovada e sob controle é praticando o método "entra uma, sai outra". Para cada planta nova que comprar, você abre mão de outra.

TUDO SOBRE UMIDADE: TEM UMA SELVA AQUI DENTRO!

Se você vive em um clima seco, isso não significa que você não possa ter plantas tropicais na sua coleção. Uma combinação criativa de umidificadores, cúpulas de vidro, caixas transparentes de plástico, pedriscos e miniestufas pode manter as plantas felizes o ano todo. Quase todas as plantas tropicais precisam da umidade do ar, então é importante limpar a superfície das folhas (ver p. 67) para mantê-las viçosas e corpulentas em seus recipientes. Você também deve monitorar a condensação: secar qualquer poça d'água que possa se acumular nas folhas usando um pano delicado ou papel-toalha.

Também é bom dar uma folga na umidade. Circulação de ar é tão refrescante e importante para as plantas quanto para nós. Para plantas que precisam de alta umidade constante (como antúrios), considere encontrar um recipiente ou estufa, como uma redoma ou um cachepô, de modo que possam criar sua própria umidade.

Se não tiver os recursos ou o espaço para seguir nenhuma dessas dicas, você ainda pode agrupar várias plantas para criar umidade — a união faz a força!

UMIDIFICADOR

A selva urbana do meu apartamento precisa de três umidificadores para manter minha coleção verdejante. Nem todos os pais de planta precisam ter vários umidificadores ligados o tempo todo, mas acho que eles fazem uma grande diferença, especialmente no inverno.

Caso opte por esse caminho, procure um umidificador que proporcione vapor frio e morno. O vapor morno no inverno é como um abraço caloroso para mim e minhas plantas, ao passo que o vapor frio é uma brisa refrescante nos meses quentes de verão. Além disso, procure um modelo com um reservatório de água relativamente grande para não ter que reabastecê-lo várias vezes ao dia.

DICA FÉRTIL

LIMPAR O UMIDIFICADOR REGULARMENTE É IMPORTANTE PORQUE O RESERVATÓRIO E A ÁREA AO REDOR SÃO SUSCETÍVEIS AO DESENVOLVIMENTO DE BACTÉRIAS E MOFO. MEU MÉTODO FAVORITO É DEIXAR O RESERVATÓRIO DE MOLHO EM ÁGUA QUENTE E VINAGRE BRANCO, E DEPOIS ESFREGAR COM ÁCIDO CÍTRICO. DEPENDENDO DA FREQUÊNCIA QUE VOCÊ USAR SEU UMIDIFICADOR, A RECOMENDAÇÃO É LIMPAR UMA VEZ A CADA DUAS SEMANAS OU MENSALMENTE.

PEDRISCOS: São uma excelente forma de aumentar a umidade ao redor da planta sem muita complicação. Basta encher de pedras o fundo de um cachepô (sem furo de drenagem) ou de um vaso de cerâmica. Em seguida, coloque dentro o vaso de plástico menor da planta bebê. Quando regar a planta e a água escorrer para o fundo, ela vai encher a base de pedriscos e agir como uma fonte produtora de umidade para a planta. Você também pode colocar o vaso sobre um prato (com borda) de pedriscos e encher o prato de água.

DICA FÉRTIL

SEMPRE QUE ESTIVER MEXENDO COM UMIDADE, TENHA CUIDADO PARA NÃO MOLHAR OS MÓVEIS AO REDOR. UM ÓTIMO TRUQUE É PROTEGÊ-LOS COM UMA TOALHA DE PLÁSTICO. TAMBÉM NÃO RECOMENDO COLOCAR O UMIDIFICADOR EM CIMA OU PERTO DE MÓVEIS CAROS OU PREFERIDOS. NUNCA SE SABE QUANDO ALGO PODE VAZAR.

POTE DE CURA: Como o nome indica, o pote de cura trouxe muitas das minhas plantas de volta da beira da morte.

Basicamente, um pote de cura é um recipiente fechado e transparente de plástico em que você guarda as plantas, ajudando a promover o seu crescimento por meio da alta umidade. A condensação que se acumula nas paredes internas proporciona bastante umidade para as plantas dentro dele. Se estiver interessado em seguir por esse caminho, providencie uma caixa organizadora grande e transparente com tampa, dessas vendidas em qualquer loja de utilidades domésticas, coloque as plantas em seus próprios vasos dentro da caixa e feche a tampa. Você pode incrementá-la com luzes de crescimento. A tampa prende a umidade dentro dela e as luzes incentivam o crescimento. Lembre-se de tirar a tampa uma vez por semana para que as plantas recebam ar fresco; você pode até colocar um miniventilador de mesa para ajudar a aumentar a circulação de ar. Regue as plantas na caixa uma vez por mês e a limpe regularmente. Você pode tirar as plantas da caixa quando achar que elas já cresceram ou se recuperaram o suficiente. Se estiver usando um pote de cura para produzir mudas, elas estarão prontas quando as raízes da planta tiverem crescido no mínimo de 2,5 a 5 centímetros de comprimento.

MINIESTUFA: Se tiver espaço e quiser ter uma estrutura um pouco maior e mais permanente para suas plantas, você pode investir em uma miniestufa para proporcionar um lar com um nível de umidade constante — é basicamente um pote de cura gigante. As miniestufas costumam ser feitas com tubos de metal ou plástico que servem como fundação, e prateleiras de plástico que formam as paredes. Essa configuração é um pouco mais complexa, pois você precisa manter o ambiente dentro da estufa, seja grande ou pequeno, com ventiladores, luzes de crescimento e um umidificador.

CUIDADOS DE INVERNO

Você pode ter problemas com as plantas de ambiente interno durante os meses mais frios. As folhas amarelam, o crescimento pode ficar mais lento, e algumas não vão sobreviver a esses tempos sombrios. Dependendo do lugar do mundo em que você está, o inverno pode ser brutal para as plantas de casa. Se você conseguir atender às necessidades básicas da sua planta (luz, água, terra boa e umidade), elas não devem ter problemas, qualquer que seja a estação.

Aqui vão algumas dicas de como ajudar suas plantas a suportar o frio:

TEMPERATURA: Mudanças extremas de temperatura podem prejudicar as folhas e causar um choque nas plantas. Sinais de choque são folhas amareladas e perda de folhas. Assim como um peixe, você não pode jogar uma planta em um ambiente novo e esperar que ela logo fique bem; ela precisa de tempo para se acostumar. Se puder, mantenha as plantas na mesma temperatura ou sob uma variação pequena o ano todo, e as mantenha longe de correntes de ar. Se algumas plantas precisarem de temperaturas altas para terem o crescimento estimulado, considere comprar um tapete térmico próprio para elas.

LUZ: A primeira coisa que gosto de fazer é instalar luzes de crescimento em todo o meu espaço para proporcionar mais luminosidade. Uso luzes de espectro vermelho e azul, e luzes brancas de espectro total. As plantas reagem de maneiras diferentes a diferentes tipos de luz, portanto é bom se precaver. Também pode ser bom reposicionar algumas plantas para oferecer o máximo de luz possível a elas. Preste atenção em como a luz muda na sua casa e como suas plantas lidam com isso. Por exemplo, veja o momento em que a luz está mais forte e como a luz do sol se move no seu espaço. Esses são fatores ótimos para levar em conta, em especial quando estiver posicionando as plantas. Em geral, ao buscar o lugar certo para elas, o ideal é que encontre o local permanente para cada uma prosperar — mas só o tempo e muita atenção vão dizer qual é o melhor lugar para suas plantas.

UMIDADE: Proporcionar umidade a suas plantas durante o inverno pode ser decisivo para a vida delas. Quando a temperatura despenca e as plantas desaceleram seu crescimento, podemos cometer alguns erros. O excesso de rega e correntes de ar frio são as principais causas de morte nessa estação do ano.

LIMPEZA: Você leu certo! É importante manter suas plantas limpas durante o ano todo. Lembre-se de tirar o pó das folhas (o que você deve fazer em todas as estações) para manter seus poros limpos, tornando mais fácil capturar a luz e fazer a fotossíntese. Use um pano úmido suave para limpar e secar as superfícies. Eu gosto de misturar algumas gotas de óleo de neem com um pouquinho de sabonete líquido de hortelã e água. Então, pego um chumaço de algodão e passo na parte da frente e de trás das plantas, e vou descendo pelos caules. Cuidado: nunca use o mesmo material de limpeza de uma planta em outra, ou então lave o pano entre a limpeza de cada uma. Para folhas frágeis (com textura de veludo, por exemplo), tenha muita delicadeza e opte apenas por água e gotinhas de sabonete líquido.

TROCAR DE VASO: Quando chega o tempo frio, trocar suas plantas de vaso pode ser um cuidado necessário. Se as raízes das plantas estiverem saindo pelo furinho de drenagem, troque o vaso por outro cujo diâmetro seja até cinco centímetros maior do que o vaso atual. Dica: coloque o vaso em que sua planta está agora dentro do vaso para o qual você pretende transferi-la. Se o espaço vazio entre os dois for maior do que cinco centímetros, o vaso é grande demais (ver p. 29). Ao trocar de vaso, aproveite a oportunidade para checar a saúde das raízes. Normalmente, é desejável encontrar belas raízes brancas. Dê terra nova para ela (o que aumenta os nutrientes frescos) a tempo para o inverno e a coloque de volta no lugar.

PROPAGAÇÃO: No começo do inverno, você deve considerar separar algumas mudas, só por garantia! Se achar que pode ter alguns problemas com uma planta ou se apenas estiver preocupado que ela possa estar morrendo, cortar mudas ou brotos (tenha certeza de que sabe como essa planta se reproduz) vai te poupar da dor de uma perda total.

REGA: No inverno, receber menos luz faz com que as plantas não realizem a fotossíntese de maneira tão ativa. Como resultado, elas não precisam de tanta água ou fertilizante. Se você regar demais, pode acabar causando o apodrecimento das raízes porque elas não absorvem tanta umidade nesse estado mais dormente. Isso não quer dizer que você deva parar de regar — é só diminuir!

DICA FÉRTIL

SE VOCÊ NOTAR QUE UMA PLANTA ESTÁ COM DIFICULDADES PARA ABRIR UMA FOLHA NOVA, CONSIDERE FERTILIZAR A PLANTA. O REFORÇO DE ENERGIA VAI IMPEDIR QUE A FOLHA NOVA FIQUE ATROFIADA OU DEFORMADA.

RECEITAS CASEIRAS DE TERRA

Todos usam alguma coisinha diferente aqui e ali, mas um ótimo jeito de começar quando se trata de meios de plantio é um misto de terra, perlita e carvão. Brinque com as proporções com base na planta que está envasando: veja se ela vai se beneficiar de uma mistura mais leve e aerada (com escoamento por toda a terra e raízes até sair pelo furo de drenagem) ou de uma mistura que retenha mais umidade (a água escoa, mas os componentes ajudam a reter parte da umidade na terra). Plantas boas começam com uma terra boa, então faça questão de usar materiais novos e cheios de nutrientes.

DICA FÉRTIL

ARMAZENE SUA TERRA EM UM RECIPIENTE HERMÉTICO E GUARDE EM LOCAL SECO E AREJADO. A UMIDADE PODE ATRAIR FUNGOS E MOSQUITOS, QUE SÃO A ÚLTIMA COISA QUE VOCÊ VAI QUERER EM SUA TERRA.

Há uma grande variedade de materiais que você pode utilizar para preparar o substrato, mas aqui vai uma lista de ingredientes comuns e fáceis de encontrar que os pais de planta podem usar para criar suas próprias misturinhas de terra:

TERRA VEGETAL: Terra de jardinagem que contém nutrientes frescos para sua planta e, às vezes, fertilizantes. Pode ser comprada em sacos, pronta para uso.

PERLITA: Rocha vulcânica moída que retém umidade, afofa e areja a mistura, permitindo um escoamento melhor da água quando a planta é regada. Você também pode acrescentar vermiculita, que é um mineral moído, mas eu particularmente sou fã da perlita!

CARVÃO: Assim como a perlita, o carvão moído cria um meio mais aerado. Ele também melhora a qualidade da terra por permitir uma melhor passagem de ar e por criar poros que ajudam a reter nutrientes para a planta. Além disso, é uma excelente forma de evitar fungos e bactérias prejudiciais.

CASCAS/ CHIPS PARA ORQUÍDEAS: Esses substratos são perfeitos para descompactar a terra e proporcionar mais circulação de ar para as raízes dessas plantas aéreas. Notei também que algumas raízes adoram se fixar nos pedaços de casca, ficando mais fortes e felizes.

FIBRA DE COCO: A casca do coco moída parece turfa e proporciona uma ótima textura para a terra, além de reter umidade. A fibra do coco tende a se expandir quando regada, então fique atento quando for usá-la em um vaso; é bom deixar um espaço de sobra no topo para essa expansão.

ESFAGNO: Punhados de musgo esfagno são excelentes para reter umidade quando ele se reidrata. Adoro quebrar as fibras de musgo em partes menores e adicioná-los à minha mistura de terra. É ideal para plantas que gostam de mais retenção de umidade.

AREIA: A areia grossa, como a de construção, filtra a água mas retém parte da umidade, proporcionando um bom equilíbrio para as plantas. Criando seu próprio sistema de drenagem, a areia é ótima para equilibrar a umidade no vaso e é perfeita para criar uma terra aerada, para que as raízes possam obter oxigênio.

ARGILA EXPANDIDA: São bolas leves de argila com muitas aplicações na jardinagem (e usadas como substrato de terrário também). As raízes de plantas gostam de se aderir a elas, que são maravilhosas para a propagação de água, ajudando a criar um sistema de raízes mais resistente.

COBERTURAS PARA TERRA: São muitas as opções disponíveis. Adoro usar essas coberturas de terra para manter um visual coeso entre minhas muitas plantas. Alguns dos meus substratos favoritos para colocar na superfície dos vasos são cascas ou chips para orquídeas, argila expandida, pedras vulcânicas, pedriscos e areia. Areia também é uma excelente opção se você estiver sofrendo com mosca-dos-fungos, pois ela age como um repelente natural.

DICA FÉRTIL

TESTE SUAS MISTURAS DE TERRA APERTANDO-AS UM POUCO NA PALMA DA MÃO. SE QUER MISTURAS LEVES E AERADAS, A TERRA DEVE SE ESFARELAR E PERDER A FORMA. PARA MISTURAS QUE RETENHAM UMIDADE, A TERRA DEVE SE ESFARELAR UM POUQUINHO, MAS MANTER PARTE DA FORMA.

RECEITINHAS DE TERRA

Embora aqui eu dê uma ideia das quantidades, depois que começar a entender do que sua planta precisa e o que ela espera de você e do seu espaço, você vai conseguir fazer seus próprios ajustes no substrato de plantio. Assim, as proporções (partes) nessas receitinhas são apenas sugestões; você pode ir personalizando a mistura para cada planta. Mas, antes disso, aqui vão algumas indicações para você saber por onde começar.

DICA FÉRTIL

PEGUE UM POTE DE PLÁSTICO COM TAMPA E FAÇA UMA BOA QUANTIA DA TERRA DE "PRIMEIRO ENCONTRO", POIS É UMA BASE MUITO BOA PARA A MAIORIA DAS PLANTAS DE CASA. DEPENDENDO DA PLANTA, USE ESSA MISTURA COMO BASE E ACRESCENTE O QUE MAIS FOR NECESSÁRIO. ESSA É UMA ÓTIMA FORMA DE COMEÇAR: ASSIM, FAZER SUA PRÓPRIA TERRA NÃO VAI PARECER TÃO ASSUSTADOR.

MISTURA DE PRIMEIRO ENCONTRO

Como qualquer primeiro encontro, esta é uma ótima receita de terra com a qual começar para quem está dando os primeiros passos para preparar o próprio substrato. Essa mistura de terra escoa bem, mas retém umidade suficiente para fazer dela uma opção que vai bem com quase todas as plantas de casa.

1	parte de terra vegetal
½	parte de perlita
½	parte de carvão
¾	parte de chips ou cascas para orquídea

MISTURA FAVORITA DAS FOLHAS

Este meio é aerado, escoa bem e é perfeito para filodendros, costela-de-adão e quase todas as plantas de ambiente interno cheia de folhagens. Acrescentei fibra de coco e esfagno para dar um pouco mais de umidade.

1	parte de terra vegetal	1	parte de chips para orquídea
¾	parte de perlita	¼	parte de fibra de coco
¾	parte de carvão	¼	parte de esfagno

MISTURA QUERIDINHA

Esta opção de terra escoa bem e retém umidade, por isso é perfeita para antúrios e alocásias. A mistura é ótima para plantas que têm raízes que gostam de fluxo de ar mas também amam aquele pouquinho a mais de umidade que fica retida no esfagno.

1	parte de esfagno	½	parte de chips para orquídea
¼	parte de argila expandida	¼ ou ½	parte de carvão
¼	parte de casca para orquídea	¼	parte de terra vegetal

MISTURA ENVOLVENTE

Esta mistura é aerada, encorpada e escoa bem, e é perfeita para costelas-de-adão, antúrios, filodendros, cactos e suculentas. Com muitos elementos pedaçudos no meio, as raízes não conseguem resistir a se entrelaçar neles. Essa combinação é ótima para plantas com raízes grandes.

1 ¼	parte de terra vegetal	½	parte de perlita
½	parte de argila expandida	¾	parte de carvão
½	parte de casca para orquídea	¾	parte de chips para orquídea

MISTURA DELÍCIA DO DESERTO

Esta mistura escoa bem e é perfeita para cactos e suculentas. Ela também é ótima para plantas com um sistema de raízes mais fino e delicado.

1	parte de terra vegetal
¾	parte de perlita
½	parte de carvão
½	parte de areia
¼	parte de chips para orquídea

O QUE É PROPAGAÇÃO E COMO FAZER?

Propagação vegetativa é o processo de reproduzir ou multiplicar plantas a partir de uma planta-mãe. Pode ser realizada a partir de mudas ou brotos.

Esse é um dos meus aspectos favoritos de colecionar plantas! Elas se propagam de diferentes maneiras. Por isso, não se pode simplesmente sair cortando as plantas com esse fim. Uma busca rápida na internet costuma dizer tudo que você precisa saber sobre como sua planta se propaga. Quer você esteja aumentando sua coleção de plantas, dando mudas de presente para amigos e familiares, salvando uma planta da morte ou criando confiança para desenvolver uma nova habilidade, aqui vão alguns passos e meus métodos favoritos de propagação vegetal.

TIPOS DE PROPAGAÇÃO

Divisão de brotos

Para mim, esse é um dos métodos mais fáceis de propagação. A planta primária, ou mamãe, vai produzir pequenos brotos, que você pode separar pela raiz. A melhor forma de separar a muda é tirar a planta do vaso, limpar a terra da base e usar uma tesoura ou faca limpa para fazer um corte cerca de 2,5 centímetros distante do caule principal da planta bebê, permitindo que o broto tenha algumas raízes.

Você deve pegar a maior quantia possível de planta da mãe para que sua muda tenha uma boa chance de sucesso. Também sugiro esperar até o broto ter crescido de cinco a oito centímetros antes de separá-lo da planta primária. Pense que os brotos ainda estão ligados à mãe pelo cordão umbilical: você deve garantir que a mãe tenha proporcionado nutrientes suficientes para a planta bebê crescer forte depois que você separá-las.

Depois que separar o rebento, você pode colocá-lo na terra ou em esfagno úmido, ou usar um método de propagação aquático (ver p. 80).

Mudas por estaquia

Este tipo de propagação é quando você corta abaixo do nó (ou junta) de uma planta. Então, você pode colocar essas mudas (ou estacas) na água, envolvê-las em esfagno ou usar uma combinação de água e argila expandida, ou água e perlita. Para propagar com estaquia, você deve estimular o crescimento de novas raízes. Quando essas raízes tiverem alcançado entre cinco e oito centímetros, já pode passar a muda para a terra. Mantenha a terra mais úmida nas duas primeiras semanas, depois continue atendendo às necessidades normais de cuidado da planta.

Propagação por folhas

Este método é quando você usa uma folha saudável da planta para cultivar novos exemplares dela. Você pode cortar ou arrancar a folha da planta-mãe e colocá-la na superfície da terra vegetal ou em uma camada de esfagno. Se der certo, a folha original vai murchar e novos brotos vão crescer a partir dela.

Mergulhia aérea

É quando você envolve um substrato, como esfagno, ao redor do nó (ou junta) de uma planta. Na sequência, você coloca plástico filme para embrulhar o musgo em volta do nó. Depois de algumas semanas, o nó terá criado raízes e, então, você pode cortar abaixo dele e colocar sua planta recém-enraizada num vaso. Lembre-se que você não deve cortar nada antes de essas raízes crescerem a partir do nó. Assim,

você tira vantagem desse nó, esperando que ele se enraíze enquanto ainda está preso à planta-mãe.

JÁ PASSEI POR ISSO!

Quando comecei a montar minha coleção, eu ficava um pouco intimidada com a ideia de propagação, mas aprender a fazer isso salvou minha coleção quando ela foi praticamente devastada por cochonilhas-farinhentas.

FORMAS DE PROPAGAR

Água

Uma das minhas formas favoritas de propagar plantas é por meio da água. Comece com um recipiente alto e fino, encha-o de água destilada, acrescente a muda ou o broto, depois coloque o recipiente em um lugar com bastante luz indireta. Agrupar as mudas da mesma planta em um frasco pode ajudar a estimular um crescimento mais rápido de raízes.

À medida que a água for evaporando, lembre-se de cobrir com mais água destilada — nunca troque a água. Se ela estiver verde, é um bom sinal; essa alga na água vai fornecer parte dos nutrientes extras para estimular o crescimento das raízes. A única situação em que você pode considerar trocar a água e limpar o recipiente é se ela ficar avermelhada e tiver um odor, indicando putrefação. Se a putrefação não tiver afetado grande parte da muda, você pode conseguir remover a parte apodrecida e manter o restante; coloque-a em água fresca para manter o crescimento no caminho certo.

É melhor esperar até ter pelo menos cinco centímetros de crescimento de raiz antes de transferir as mudas para um meio de terra. E, quando fizer o transplante, mantenha a terra mais úmida durante as primeiras duas semanas enquanto a planta se acostuma ao novo meio. Não se espante se sua bebê fizer cara feia; ela vai piorar antes de melhorar! Além disso, lembre-se de limpar o vaso entre um uso e outro.

DICA FÉRTIL

ESFERAS DE ARGILA EXPANDIDA SÃO UMA ÓTIMA FERRAMENTA PARA PROPAGAR PLANTAS. COLOCAR AS MUDAS EM UMA MISTURA COM ARGILA EXPANDIDA VAI AJUDAR A CRIAR RAÍZES FORTES E SAUDÁVEIS PORQUE AS RAÍZES NOVAS PODEM SE PRENDER A ELAS PARA SE ESTABILIZAR.

Esfagno

Adoro usar musgo para propagar plantas. Este método mantém a umidade do meio de propagação e ajuda a criar um sistema estável de raízes. Você pode encontrar blocos de musgo esfagno desidratado na internet. Quando receber o bloco, esfarele um punhado ou dois em uma tigela e acrescente água para reidratar o musgo. Depois coloque o esfagno úmido em um vaso pequeno com sua muda. Também gosto de quebrar os pedaços maiores de esfagno, rasgando-os facilmente com as mãos.

Terra

Às vezes, você pode colocar suas mudas diretamente na terra. Se for o caso, mantenha a terra mais para úmida, sem deixar que seque entre uma rega e outra, e ofereça bastante luz indireta. Você pode passar para uma rotina de rega normal quando a muda estiver estabelecida. Uma das formas de saber se sua muda enraizou bem é procurar indícios de crescimento e novas folhas; a outra é puxar a planta de leve no vasinho e ver se ela oferece resistência.

DICA FÉRTIL

QUANDO TRANSFERIR SUAS MUDAS PROPAGADAS NA ÁGUA PARA A TERRA, MANTENHA SUA PLANTA NOVA MAIS ÚMIDA DO QUE DE COSTUME POR UM TEMPO. É NORMAL QUE A JOVEM PLANTA SOFRA UM CHOQUE AO SER TRANSFERIDA PARA A TERRA. ELA PODE PIORAR ANTES DE MELHORAR! APENAS MONITORE E SEJA PACIENTE ENQUANTO AS RAÍZES SE ESTABELECEM NO SUBSTRATO DE PLANTIO.

Caixa de plástico

Este método demanda uma caixa de plástico transparente e esfagno. Posicione as mudas em cima do musgo úmido e feche a caixa para segurar a umidade. Usar vasos individuais de esfagno na caixa de plástico permite que você enraíze muitas plantas ao mesmo tempo. Isso costuma ser útil ao propagar plantas com muitos nós; as partes do caule em forma de nós brotam ao longo de uma linha, como uma série de corações.

COMO PROCURAR UMA PLANTA SAUDÁVEL NA VIDA REAL

omprar plantas — na vida real — é muito divertido! Você se vê cercado por um monte de vegetação maravilhosa, na esperança de levar para casa uma nova plantinha para se juntar à família. Com tantas opções, como saber se você está fazendo a escolha certa?

Aqui vão algumas dicas:

FAÇA PERGUNTAS

Quando encontrar uma planta que amou assim que viu, pergunte a um funcionário qual é o nome dela e quais informações gerais de cuidado ele pode fornecer. Se ele não souber, você sempre pode fazer uma pesquisa rápida on-line. Procure entender se a planta pode dar certo com você.

INSPECIONE A PLANTA

Dê uma olhada geral nela. Evite plantas com muitas folhas danificadas (buracos, manchas, áreas marrons ou amarelas) porque podem indicar a presença de fungos. Procure identificar pragas ou qualquer coisa se mexendo. Veja se existe qualquer movimento em cima e nas laterais das folhas, teias ou qualquer coisa escondida entre as folhas e os caules. Você quer levar plantas para casa, não pragas. Procure sinais de putrefação ou deterioração (coisas pretas e gosmentas no caule).

OPTE PELO CRESCIMENTO

Gosto de escolher plantas que já tenham um nível razoável de crescimento ou brotos. Quando uma planta tem uma nova folhinha brotando ou outras plantinhas brotando no vaso, quer dizer que está saudável e ativa.

LEVE PARA CASA

Isole a nova plantinha e ofereça terra fresca e um vaso limpo para ela. Lembre-se: você a está tirando de uma loja onde havia condições ideais para ela e a colocando em um ambiente novo. É comum que a planta sofra um choque, então ela pode piorar antes de melhorar. Dê uma chance para sua planta se recuperar antes de desistir dela!

ROTINA DE CUIDADOS COM A PLANTA

Criar uma rotina de cuidados é muito importante, mas a tarefa pode parecer cansativa às vezes. Minha solução é dividir a rotina entre tarefas diárias, semanais e mensais. Independente de como você se organizar, é fundamental manter um cronograma controlável e consistente. Designar as tarefas como diárias, semanais e mensais torna muito mais fácil ser um pai de planta!

ROLÊ DIÁRIO: Essa rotina normalmente é a mais leve e agradável no cuidado com as plantas. Dê uma olhadinha nas suas filhas: olhe a folhagem, verifique se a terra está muito seca e fique atento a pragas. Sua rotina diária consiste em fazer uma avaliação geral de como as plantas estão indo e tomar notas mentais do que você precisa fazer durante a manutenção semanal ou mensal.

PASSO A PASSO SEMANAL: Essa rotina normalmente envolve as regas! Rego minhas plantas de uma a duas vezes por semana, dependendo da estação. Também é quando dou nutrientes para minhas plantas ou as levo para uma enxaguada no chuveiro. Meu passo a passo semanal, além de regar, consiste em dar uma olhada em propagações, examinar a saúde das plantas que estão se recuperando e verificar as plantas novas ou isoladas. Nessa ocasião, tenho a chance de ver como cada planta está se saindo em sua terra e seu vaso. Normalmente faço uma lista das plantas que vou precisar separar para a manutenção mensal.

MANUTENÇÃO MENSAL: É nesse momento que coloco as mãos na massa com meus projetos botânicos. Essa rotina geralmente consiste em trocar as plantas de vaso, verificar a saúde da raiz, avaliar ou tratar um problema de praga e fazer uma limpeza mensal. Durante a manutenção mensal, também troco as plantas de lugar e vejo se algumas plantas se dariam melhor em outras áreas do apartamento. Também dou uma olhada nas plantas que estão no pote de cura para ver se já estão prontas para voltar para casa. A manutenção mensal pode ser mais ou menos trabalhosa, dependendo do que minhas rotinas diária e semanal me mostrarem.

HARRY, O LAGARTO QUE VEIO DE CARONA

Quando comprei minha costela-de-adão variegata pela inter-net, ela viajou da Flórida até Nova York. Fiquei tão preocu-pada de estressar a planta ainda mais que primeiro a mantive em seu vaso e terra originais. Embora a planta estivesse bem, quando finalmente fui trocá-la de vaso, descobri um anólis (um lagarto muito pequeno que é natural da Flórida) vivendo no fundo do vaso! Harry, como o batizei, estava se alimen-tando das raízes da planta e da água que eu tinha dado para ela. Então, o que quero dizer é que você realmente precisa verificar sua planta com cuidado e talvez até trocar a terra. Já falei isso antes, mas vou repetir: dê uma boa olhada nas suas bebezinhas e sempre troque de vaso se puder.

QUE PLANTAS DÃO MATCH COM VOCÊ?

Cuidar de plantas é uma experiência gratificante! E grande parte da diversão é trazer novas plantinhas para casa. Haverá momentos em que uma planta que você ama simplesmente não vai dar certo com você e sua casa, mas também há momentos em que uma planta surpreende e se entrosa bem com você e sua vida (para mim, esse entrosamento foi com a espada-de--são-jorge). Em outras palavras, este guia é um ponto de partida e, embora eu inclua as condições ideais para cada planta, não quer dizer que essa seja a única forma de cuidar dela ou que uma planta em particular não sirva para você.

Pense neste guia como você pensaria em um aplicativo de namoro com plantas. Quando você dá um match, você e sua planta ainda vão ver se há potencial para uma relação a longo prazo. Se vocês não formarem um par ideal, não tem problema! Volte e tente de novo.

A boa notícia é que são muitas as espécies disponíveis no mercado hoje. Os pais de plantas vêm se pronunciando e exigindo variedade, e os produtores ouviram. Realmente, são muitas as opções que você pode encontrar, e explorar o que há por aí e buscar plantas novas faz parte da diversão! Nunca se sabe quando você vai criar uma conexão espontânea com uma planta em particular.

Garanto que há pelo menos uma planta em algum lugar que vai fazer você querer "deslizar para a direita na tela" — seja pela sua aparência ou pelo regime de cuidados que requer. Lembre-se: a jornada botânica de cada um é diferente. É tudo uma questão de ir fazendo ajustes e descobrindo o que se encaixa melhor em seu estilo de vida e seu ambiente.

Bom cultivo!

DICA FÉRTIL

A TAXONOMIA VEGETAL PODE SER UM POUCO DIFÍCIL DE ACOMPANHAR, ESPE-CIALMENTE COM AS MUDANÇAS DE CATEGORIA E AS NOVAS DESCOBERTAS FEITAS O TEMPO TODO. ESFORCE-SE PARA IDENTIFICAR SUA PLANTA, MESMO SE O NOME LISTADO AQUI NÃO SE ENCAIXAR MAIS. ISSO VAI AJUDÁ-LO A ENTENDER SUAS PLANTAS E SE CONECTAR COM ELAS.

VOCABULÁRIO RÁPIDO PARA QUEM QUER PLANTAS VIÇOSAS

LUZ

* Sombra: Plantas de sombra conseguem tolerar situações de pouca luz
* Meia-sombra: Um cômodo claro, com luz indireta, mas pouca ou nenhuma exposição direta ao sol
* Sol pleno: Exposição ao norte ou ao leste, o que significa que o espaço recebe de cinco a oito horas diárias de luz direta (é provável que você consiga ver o sol)

ÁGUA

* Regue regularmente: Siga um cronograma e espere o solo secar entre uma rega e outra
* Imersão: Encha uma pia ou um recipiente e submerja o furo de drenagem da planta por dez a vinte minutos
* Resistente à seca: Permite que mais tempo se passe entre uma rega e outra; essas plantas podem não depender tanto de um cronograma

UMIDADE

* Baixa: Nível de umidade abaixo de 40%
* Normal: O nível de umidade natural do seu espaço, normalmente 40% a 60%
* Alta: Umidade entre 60% e 90%

FLUXO DE AR

* Normal: O fluxo de ar natural do seu espaço
* Alto: Use um ventilador ou abra uma janela para aumentar o fluxo de ar

TEMPERATURA

- ❋ Amena: Uma temperatura mais fresca, de 20 °C a 22 °C
- ❋ Normal: A temperatura natural do seu espaço, podendo variar de 22 °C a 29 °C
- ❋ Quente: Um ambiente de 30 °C a 38 °C, o que normalmente ocorre sob o sol direto ou com um tapete térmico elétrico

DICA FÉRTIL

CULTIVO MINHA ALOCÁSIA PULMÃO-DE-AÇO (ALOCASIA CUPREA) EM ESFAGNO (EM VEZ DE TERRA) E A MANTENHO SOB SOL PLENO E MEIA-SOMBRA COM UMIDADE DE NORMAL A ALTA. MEU AMIGO DA FLÓRIDA CULTIVA A MESMA PLANTA SOB SOMBRA, EM TERRA E COM UMIDADE ALTA. ÀS VEZES, VOCÊ TEM QUE FAZER AJUSTES E TRABALHAR COM O QUE TEM E APLICAR O QUE FUNCIONA MELHOR PARA ESSA PLANTA NO SEU ESPAÇO. EM OUTRAS PALAVRAS, O CUIDADO QUASE SEMPRE VARIA DE UM AMBIENTE PARA OUTRO, PELO MENOS ATÉ CERTO GRAU.

S LEAIS

O FIM

Embora sua jornada botânica possa começar com qualquer tipo de planta que você comprar, as que apresento aqui são difíceis de matar e podem fazer maravilhas por sua autoconfiança botânica.

Como qualquer ser vivo, as plantas têm suas necessidades essenciais, mas esses filhotes folhosos conseguem tolerar muitos erros que podem acontecer com uma planta nova na sua casa. As plantas são compreensivas, assim como você deve ser consigo enquanto desenvolve seu conhecimento sobre elas.

PLANTA-JADE
(*Crassula ovata*)

IDEAL PARA PAIS DE PLANTA DO TIPO

Viajante do mundo
Típico trabalhador de jornada fixa

RECEITA DE SOLO

Mistura delícia do deserto

PERFIL

Essa planta sem crise é uma ótima espécie introdutória para os novatos. Graças a seus galhos grossos que lembram troncos e seu charme de bonsai, a suculenta jade dá um ar tranquilo a qualquer casa. Elas também se propagam facilmente, tornando simples começar uma planta inteiramente nova. Ofereça um lugar bem ensolarado e equilibre a rega permitindo que o solo seque antes de regá-lo novamente. Tente não deixar as folhas murcharem, mas, se isso acontecer, é um grande sinal de que sua planta está precisando de água. Respeitar as necessidades básicas dela vai garantir que você tenha essa planta pelas próximas gerações.

CONDIÇÕES DE SUCESSO

Luz — sol pleno ou meia-sombra

Rega — regularmente (resistente à seca durante o inverno)

Umidade — normal

Fluxo de ar — normal

Temperatura — amena a normal

Pet friendly — não

Nativa — África do Sul

PEPERÔMIA-MELANCIA
(*Peperomia argyreia*)

**IDEAL PARA
PAIS DE PLANTA
DO TIPO**

Típico trabalhador
de jornada fixa
Designer
Superprotetor

RECEITA DE SOLO

Mistura de primeiro
encontro
Mistura favorita
das folhas
Mistura delícia
do deserto

PERFIL

A postos para encorajar você no começo de sua vida como pai ou mãe de planta está a bela peperômia. Essa suculenta compreensiva e fácil de propagar é excelente para novos pais de planta que buscam diversificar a variedade de folhas. Além de ser pet friendly, suas folhas (que lembram uma minimelancia) exigem pouca manutenção — ela vai te perdoar se você esquecer de regá-la de vez em quando. Como a peperômia vem em uma grande variedade de cores e texturas, você pode criar todo um time de torcida para você em sua casa.

CONDIÇÕES DE SUCESSO

Luz — meia-sombra

Rega — regularmente

Umidade — normal a alta

Fluxo de ar — normal a alto

Temperatura — amena a normal

Pet friendly — sim

Nativa — América do Sul

ZAMIOCULCA
(*Zamioculcas zamiifolia*)

**IDEAL PARA
PAIS DE PLANTA
DO TIPO**

Típico trabalhador
de jornada fixa
Viajante do mundo

RECEITA DE SOLO

Mistura de primeiro
encontro
Mistura favorita
das folhas

PERFIL

Baladeiras, elas te levam aos melhores eventos. Ajudam você a não pegar fila e entrar direto no camarote dos melhores pais de planta. As zamioculcas, com suas folhas verdes e viçosas, são um arraso capaz de resistir até a condições de pouquíssima luz. Ela é fácil de conviver e simples de cultivar, o que a torna a planta perfeita para festejar por uma vida inteira na sua coleção.

DICA FÉRTIL

NO CASO DE PLANTAS COM CUIDADOS FLEXÍVEIS, O IDEAL É EQUILIBRAR A LUZ E A ÁGUA. LEMBRE-SE: MAIS LUZ TENDE A EXIGIR MAIS ÁGUA, E VICE-VERSA. PORTANTO, SE SUA PLANTA VIVE NA SOMBRA, VOCÊ PODE REGÁ-LA COM MENOS FREQUÊNCIA.

CONDIÇÕES DE SUCESSO

Luz — meia-sombra ou sombra

Rega — resistente à seca

Umidade — normal

Fluxo de ar — normal

Temperatura — amena a normal

Pet friendly — não

Nativa — África Ocidental

ESPADA-DE-SÃO-JORGE
OU LÍNGUA-DE-SOGRA

(*Dracaena trifasciata*, antes conhecida como *Sansevieria trifasciata*)

IDEAL PARA PAIS DE PLANTA DO TIPO

Viajante do mundo
Típico trabalhador de jornada fixa
Designer
Superprotetor

RECEITA DE SOLO

Mistura de primeiro encontro
Mistura favorita das folhas
Mistura delícia do deserto

PERFIL

Assim como Rocky ou Karatê Kid, a espada-de-são-jorge é a heroína de que você não sabia que precisava. Com sua atitude resiliente e a mesma carinha sempre, essa é a planta que você mal nota até que — PÁ! — ela transforma sua casa em um lar. Esse rostinho conhecido pode demorar para crescer com pouca luz, mas, se você der as condições ideais para ela, verá suas folhas altas crescerem até se tornarem uma verdadeira sensação.

CONDIÇÕES DE SUCESSO

Luz — sol pleno ou meia-sombra

Rega — regularmente (resistente à seca durante o inverno)

Umidade — normal

Fluxo de ar — normal

Temperatura — amena a normal

Pet friendly — não

Nativa — África Ocidental

A PLANTA BÁSICA

JIBOIA OU HERA-DO-DIABO

(*Epipremnum aureum*)

IDEAL PARA PAIS DE PLANTA DO TIPO

Típico trabalhador de jornada fixa
Designer
Superprotetor

RECEITA DE SOLO

Mistura de primeiro encontro
Mistura favorita das folhas

PERFIL

Com formas diferentes para todos os gostos, essa belezinha clássica adora ficar pendurada na prateleira mais alta. Meu jeito favorito de decorar com ela é usar ganchos adesivos transparentes para estimular o crescimento dela pelas paredes. Gentil e compreensiva com o entusiasta iniciante, essa planta despretensiosa pode te surpreender, tornando-se viçosa e abundante, ganhando rapidamente um lugarzinho no seu coração e transformando seu espaço em um paraíso inesperado.

CONDIÇÕES DE SUCESSO

Luz — meia-sombra ou sombra
Rega — regularmente
Umidade — normal a alta
Fluxo de ar — normal
Temperatura — normal
Pet friendly — não
Nativa — Ilhas Salomão

A AVENTUREIRA

TILÂNDSIA

(*Tillandsia* sp.)

IDEAL PARA PAIS DE PLANTA DO TIPO

Típico trabalhador de jornada fixa
Superprotetor

RECEITA DE SOLO

Nenhuma em especial

DICA ESPERTA

DEIXE ESSAS BELEZINHAS SECAREM DE PONTA-CABEÇA EM CIMA DE UMA TOALHA DEPOIS DE SEU BANHO SEMANAL.

PERFIL

No topo da lista de plantas fáceis de cuidar está o grupo das tilândsias. Essas bromélias adoráveis, que crescem na superfície de outras plantas, podem fazer você perder a cabeça. Disponíveis em uma variedade de estilos, elas não exigem troca de vaso ou terra, e têm necessidades básicas de cuidado que podem ser facilmente atendidas por qualquer pai de planta. Não gostam de dar trabalho e são aventureiras, sempre dispostas a se mudar. Essas plantas aéreas adoram um bom banho e gostam de ter ar entre as folhas. Assim como um viajante, elas não precisam de um pedaço de terra para prosperar e, em vez disso, vivem de umidade e ar fresco. Atenda a suas necessidades simples, e elas vão recompensar você com gerações de uma planta especial.

CONDIÇÕES DE SUCESSO

Luz — sol pleno, meia-sombra

Rega — imersão

Umidade — normal a alta

Fluxo de ar — alto

Temperatura — amena a normal

Pet friendly — sim

Nativa — América do Norte, Central e do Sul

A MALANDRA

PATA-DE-ELEFANTE

(*Beaucarnea recurvata*)

IDEAL PARA PAIS DE PLANTA DO TIPO

Típico trabalhador de jornada fixa
Designer

RECEITA DE SOLO

Mistura de primeiro encontro
Mistura delícia do deserto

PERFIL

Apesar de se assemelhar às palmeiras, essa planta é um membro da família agave e é uma suculenta disfarçada. E, embora as aparências enganem, o cuidado com ela não. Seu tronco semelhante a uma árvore armazena água, tornando-a perfeita para um pai de planta mais relaxado. Dê um pouco de sol forte para essa malandrinha, e ela vai brotar umas folhas ciliares para você admirar.

CONDIÇÕES DE SUCESSO

Luz — sol pleno, meia-sombra

Rega — resistente à seca

Umidade — baixa a normal

Fluxo de ar — normal a alto

Temperatura — amena a normal

Pet friendly — sim

Nativa — México, Belize, Guatemala

BABOSA OU ALOE VERA
(*Aloe vera*)

IDEAL PARA PAIS DE PLANTA DO TIPO

Viajante do mundo
Típico trabalhador de jornada fixa
Designer

RECEITA DE SOLO

Mistura de primeiro encontro
Mistura delícia do deserto

PERFIL

Com suas necessidades sem frescura, cuidar dessa suculenta de propriedades cicatrizantes é uma alegria para qualquer pai de planta. Sol direto dentro de casa reproduz o ambiente externo perfeito para a babosa. A quantidade de luz que ela recebe vai determinar a velocidade com que o solo seca. Dê o tempo de que ela precisa para usar esses recursos e reponha-os continuamente. As folhas ficarão rechonchudas e felizes se a planta for bem hidratada; se ela ficar seca demais, vai mandar um SOS enrugado pedindo água.

CONDIÇÕES DE SUCESSO

Luz — sol pleno ou meia-sombra

Rega — regularmente
(resistente à seca durante o inverno)

Umidade — normal

Fluxo de ar — normal

Temperatura — amena a normal

Pet friendly — não

Nativa — África e península Arábica

O PAVÃO

TOSTÃO-ROSA OU DINHEIRO-EM-PENCA

(*Callisia repens* cv. Variegata)

IDEAL PARA PAIS DE PLANTA DO TIPO

Típico trabalhador de jornada fixa
Designer
Superprotetor
Colecionador

RECEITA DE SOLO

Mistura de primeiro encontro
Mistura favorita das folhas

PERFIL

Você sempre vai notar esse ser exibido. Com tons chamativos de rosa e verde, o tostão-rosa vai animar instantaneamente qualquer ambiente com sua beleza vívida. Para ajudar a manter sua folhagem variegata verde, coloque essa belezinha em um lugar iluminado para manter a cor forte. Ela é perfeita para os pais de planta que gostam de mimar e paparicar, já que exige mais rega, poda e propagação para vicejar.

CONDIÇÕES DE SUCESSO

Luz — meia-sombra

Rega — regularmente

Umidade — normal a alta

Fluxo de ar — normal

Temperatura — amena a normal

Pet friendly — não

Nativa — América Central e do Sul e Caribe

FALSA-SERINGUEIRA RUBRA
(*Ficus elastica* cv. Rubra)

IDEAL PARA PAIS DE PLANTA DO TIPO

Viajante do mundo
Típico trabalhador de jornada fixa
Designer
Superprotetor
Colecionador

RECEITA DE SOLO

Mistura de primeiro encontro
Mistura favorita das folhas
Mistura envolvente

PERFIL

Não ignore essa planta viçosa — ela tem toda uma atmosfera! Embora as aparências possam enganar a princípio, as folhas grossas da planta vão surpreender você quando novas forem surgindo, em vermelho cor de fogo, e então forem escurecendo até um tom rubro dos sonhos enquanto se abrem e se firmam. Se você a mantiver feliz e saudável, esse prodígio vai acabar se transformando de uma pequena planta de ambiente interno para uma árvore incrível.

CONDIÇÕES DE SUCESSO

Luz — sol pleno ou meia-sombra

Rega — regularmente

Umidade — normal a alta

Fluxo de ar — normal a alto

Temperatura — amena a normal

Pet friendly — não

Nativa — Índia e Malásia

PLAN

INSTAGR

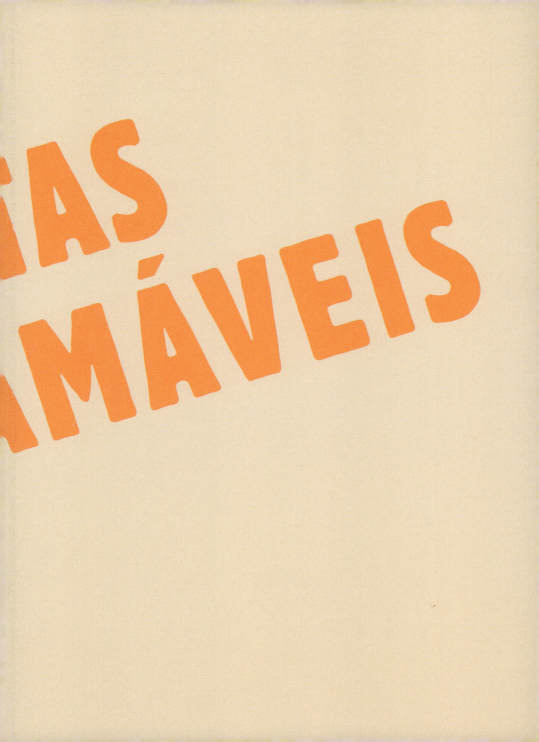

Você está navegando pelas redes sociais quando vê aquela gracinha vegetal, e não consegue mais parar de pensar nela. Já até imaginou todos os possíveis lugares em que ela poderia viver no seu espaço, e agora só falta encontrá-la. Você vasculha a internet e as lojas de plantas da região em busca da plantinha perfeita, mas, antes de trazê-la para casa, precisa estudar suas necessidades de cuidado. A maioria dessas belezuras fotogênicas exige um pouco mais de manutenção e atenção do que você poderia supor. Mas, se estiver pronto para mergulhar de cabeça, essas plantas podem viralizar na sua casa.

Conforme sua autoconfiança como pai ou mãe de planta for crescendo, você vai descobrir que é ótimo explorar e assumir riscos com essas plantas. Vamos descobrir quais você curtiria na vida real.

COSTELA-DE-ADÃO

(*Monstera deliciosa*)

IDEAL PARA PAIS DE PLANTA DO TIPO

Típico trabalhador de jornada fixa
Designer
Superprotetor
Colecionador

RECEITA DE SOLO

Mistura envolvente

PERFIL

Quando a maioria das pessoas puxa assunto comigo sobre começar uma jornada botânica, normalmente é porque se encantaram com essa belezinha inspiradora. Com folhas que gritam "paraíso tropical", a costela-de-adão roubou o coração de muitos pais de planta (incluindo o meu). Ela pode embelezar qualquer ambiente, mas tem um preço. As costelas-de-adão precisam de muito espaço para abrir suas folhas enormes e um ambiente que as faça se lembrar da selva de onde elas vieram. Posso ser tendenciosa, mas essas folhas viçosas são muito mais do que apenas uma onda no Instagram.

CONDIÇÕES DE SUCESSO

Luz — meia-sombra

Rega — regularmente

Umidade — normal a alta

Fluxo de ar — normal a alto

Temperatura — normal

Pet friendly — não

Nativa — América Central e Austrália

MINI-COSTELA-DE-ADÃO

(*Rhaphidophora tetrasperma*)

IDEAL PARA PAIS DE PLANTA DO TIPO

Típico trabalhador de jornada fixa
Designer
Superprotetor
Colecionador

RECEITA DE SOLO

Mistura de primeiro encontro
Mistura favorita das folhas
Mistura envolvente

PERFIL

A mini-costela-de-adão pegou carona na fama da sua prima maior, mas logo provou ter seu próprio valor como a opção de tamanho perfeito da planta da moda. Verdade, ela primeiro apareceu no feed de todo mundo porque parecia uma versão em miniatura da sua parente famosa, mas os pais de planta logo descobriram como é gratificante cuidar dessa belezinha que cresce rápido e como ela é capaz de deixar a casa estilosa. Se decidir receber essa planta na sua família, ela vai prosperar em seu espaço e pode até tomar conta das suas paredes com suas folhas pequenas mas imponentes.

CONDIÇÕES DE SUCESSO

Luz — meia-sombra ou sombra

Rega — regularmente

Umidade — normal a alta

Fluxo de ar — normal a alto

Temperatura — normal

Pet friendly — não

Nativa — Tailândia e Malásia

A SOCIÁVEL

FILODENDRO-BRASIL

(*Philodendron hederaceum* var. oxycardium "Brasil")

IDEAL PARA PAIS DE PLANTA DO TIPO

Viajante do mundo
Típico trabalhador de jornada fixa
Designer
Superprotetor
Colecionador

RECEITA DE SOLO

Mistura de primeiro encontro
Mistura favorita das folhas
Mistura envolvente
Mistura delícia do deserto
Mistura queridinha

PERFIL

Todo mundo conhece aquela pessoa que faz amigos num piscar de olhos. O filodendro é popular no mundo das plantas. Variando de formato, tamanho, textura e nível de cuidado, essa espécie é o par perfeito para qualquer tipo de pai de planta com qualquer nível de habilidade. (Alguns filodendros de folhas aveludadas costumam ser um pouco mais difíceis de encontrar.) Os filodendros se adaptam rapidamente a qualquer ambiente e gostam de uma atmosfera mais tropical. Ofereça algum suporte onde esse bebê possa se prender ou escalar ou uma prateleira de onde ele possa cair como uma cascata, e ele nunca vai parar de crescer.

CONDIÇÕES DE SUCESSO

Luz — meia-sombra
Rega — regularmente
Umidade — normal a alta
Fluxo de ar — normal a alto
Temperatura — amena a normal
Pet friendly — não
Nativa — América Central e Caribe

O ECOINFLUENCER

CACTO

IDEAL PARA PAIS DE PLANTA DO TIPO

Viajante do mundo
Típico trabalhador de jornada fixa
Designer
Colecionador

RECEITA DE SOLO

Mistura delícia do deserto

PERFIL

Os cactos sabem muito bem como conservar recursos e se adaptar às condições adversas de seu ambiente nativo. Ter equilíbrio e entender a natureza dessa planta é vital para o sucesso. Os cactos armazenam água em seus caules e, portanto, não se importam de enfrentar longos períodos de seca. Saber quando eles precisam de mais água e oferecer bastante luz direta e calor é fundamental para conquistá-los. Mas não os julgue pela aparência espinhosa; eles são supermelosos por dentro.

CONDIÇÕES DE SUCESSO

Luz — sol pleno

Rega — regularmente
(resistente à seca durante o inverno)

Umidade — baixa a normal

Fluxo de ar — baixo a normal

Temperatura — normal a quente

Pet friendly — não

Nativa — América do Norte, Colômbia, México, Chile e Argentina

PLANTA-CHINESA-DO-DINHEIRO
OU PILEA OU PLANTA ÓVNI
(*Pilea peperomioides*)

IDEAL PARA PAIS DE PLANTA DO TIPO

Típico trabalhador de jornada fixa
Designer
Superprotetor
Colecionador

RECEITA DE SOLO

Mistura de primeiro encontro
Mistura favorita das folhas

PERFIL

Quando a planta-chinesa-do-dinheiro começou a aparecer nos posts de tendências do Pinterest, essa espécie que se multiplica facilmente alçou um nível de fama nunca antes visto na comunidade jardineira e se tornou uma das mais procuradas mundo afora. Ela chegou ao ápice das tendências nas redes sociais com sua própria hashtag #plantadaamizade. Como toda boa amizade, ela precisa de tempo e dedicação para prosperar. Suas necessidades de cuidado podem ser um pouco desafiadoras para alguns, mas, se tiver uma boa rotina de cuidado constante, essa planta vai recompensar você infinitamente. Como dizer não a uma plantinha tão fofa?

CONDIÇÕES DE SUCESSO

Luz — meia-sombra

Rega — regularmente

Umidade — normal a alta

Fluxo de ar — normal

Temperatura — amena a normal

Pet friendly — sim

Nativa — China

A BLOGUEIRINHA

FLOR-DE-CERA KRIMSON PRINCESS

(*Hoya carnosa* var. *variegata*)

IDEAL PARA PAIS DE PLANTA DO TIPO

Típico trabalhador de jornada fixa
Superprotetor
Colecionador

RECEITA DE SOLO

Mistura de primeiro encontro
Mistura envolvente
Mistura delícia do deserto

PERFIL

Disponível em diferentes formas, cores, tamanhos e texturas, esta é uma planta popular desde antes dos primórdios das redes sociais. A Krimson Princess é um exemplo perfeito das opções de folhas rosa que as flores-de-cera têm. Como a maioria das blogueirinhas que adoram fotos, a luz para ela é essencial, então lembre-se de oferecer bastante luz indireta para o crescimento ideal dessa princesa. Um ponto importante: até você encontrar aquele lugar ideal, ela tende a crescer devagar. Com os cuidados certos, essa planta pode recompensá-lo com lindíssimas flores felpudas que vão roubar seu coração e o dos seus seguidores.

CONDIÇÕES DE SUCESSO

Luz — meia-sombra

Rega — regularmente

Umidade — normal a alta

Fluxo de ar — normal a alto

Temperatura — amena a normal

Pet friendly — sim

Nativa — Ásia Meridional, Sudeste Asiático, Polinésia e Austrália

AS ARTISTAS

SUCULENTA

IDEAL PARA PAIS DE PLANTA DO TIPO

Viajante do mundo
Típico trabalhador de jornada fixa

RECEITA DE SOLO

Mistura de primeiro encontro
Mistura delícia do deserto

PERFIL

Entre os muitos tipos de suculentas disponíveis no mercado, você vai encontrar uma variedade enorme de cores fascinantes — coloque-as no mesmo vaso para criar uma obra-prima! Você pode achar que suculentas são indestrutíveis, mas isso não é bem verdade. As suculentas são sensíveis à umidade e à luz e precisam de um bocado de atenção. Se você der muito pouca luz para uma suculenta, ela pode se esticar, o que é chamado de estiolamento. Com excesso de umidade no ar ou no solo, ela pode apodrecer e até morrer. Como misturar as cores certas de tinta para compor uma imagem, cultivar suculentas é uma forma de arte.

CONDIÇÕES DE SUCESSO

Luz — sol pleno ou meia-sombra

Rega — regularmente (resistente à seca durante o inverno)

Umidade — baixa a normal

Fluxo de ar — baixo a normal

Temperatura — normal a quente

Pet friendly — não (embora algumas variedades possam ser)

Nativa — África, América do Norte e do Sul, Europa

O ÍCONE

AVE-DO-PARAÍSO

(*Strelitzia nicolai*)

**IDEAL PARA
PAIS DE PLANTA
DO TIPO**

Designer
Superprotetor

RECEITA DE SOLO

Mistura de primeiro encontro
Mistura favorita das folhas
Mistura queridinha

PERFIL

Agraciando a paisagem de muitos jardins botânicos, a cobiçada planta ave-do-paraíso sabe dar seu recado. Se você tiver a rara experiência de ter uma dessas florescendo dentro de casa, vai ficar encantado com sua flor impressionante que lembra um pássaro. Capaz de crescer mais de um metro, a ave-do-paraíso faz jus ao seu nome transportando seu dono para uma ilha utópica. As grandes folhas ovais vão ocupar bastante espaço e precisam de muita umidade, mas valem o esforço.

CONDIÇÕES DE SUCESSO

Luz — sol pleno ou meia-sombra

Rega — regularmente
(resistente à seca durante o inverno)

Umidade — alta

Fluxo de ar — baixo a normal

Temperatura — normal

Pet friendly — não

Nativa — África Meridional

PALMEIRA-MAJESTOSA
(*Ravenea rivularis*)

IDEAL PARA PAIS DE PLANTA DO TIPO

Típico trabalhador de jornada fixa
Designer
Colecionador

RECEITA DE SOLO

Mistura de primeiro encontro
Mistura favorita das folhas
Mistura queridinha

PERFIL

Trazer palmeiras para dentro de casa pode dar um ar chique e rústico para qualquer espaço. Quer seu estilo seja boêmio, moderno ou eclético, a palmeira-majestosa sabe enaltecer qualquer ambiente com perfeição. Como ocorre com a maioria das palmeiras de apartamento, o controle de temperatura e luz e a rotina de rega são essenciais para agradar essa belezinha. Ela adora ficar com uma aparência orvalhada, então lembre-se de regá-la com frequência e colocá-la em uma terra que retenha umidade.

CONDIÇÕES DE SUCESSO

Luz — sol pleno ou meia-sombra

Rega — regularmente

Umidade — normal a alta

Fluxo de ar — normal a alto

Temperatura — normal a quente

Pet friendly — sim

Nativa — Madagascar

OS CH
VEG

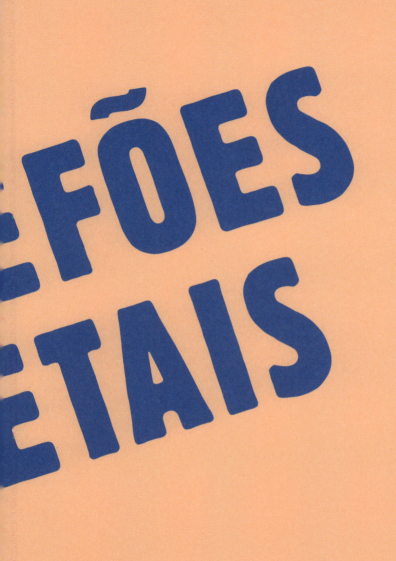

ESQUERDA, ESQUERDA, DIREITA, DIREITA, ESQUERDA, DIREITA, QUADRADO, CÍRCULO, TRIÂNGULO, R1, R2, DIREITA, ESQUERDA, DIREITA, X...

Enquanto os video games têm vários cheats para ajudar você a avançar no jogo, não há nenhum atalho fácil para manter as plantas em boa forma. As pessoas perguntam quais são os meus segredos, mas não existe nenhuma fórmula mágica. Algumas plantas "fáceis" podem ser difíceis para alguns pais de planta, e algumas plantas "difíceis" podem ser fáceis para outros. Tudo depende do ambiente que se oferece e do tipo de mãe ou pai de planta que se é (ou se quer ser). Além disso, algumas dessas belezas raras não são fáceis de encontrar e podem exigir um pouco de pesquisa.

Não importa se você decidiu começar pelas difíceis ou se foi subindo de nível aos pouquinhos, essas plantas podem ser um desafio, mas valem a pena pela pontuação extra de sucesso botânico.

A MONARCA

AGLAONEMA ROSA

(*Aglaonema* cv. Rosa)

IDEAL PARA PAIS DE PLANTA DO TIPO

Típico trabalhador de jornada fixa
Designer
Superprotetor
Colecionador

RECEITA DE SOLO

Mistura de primeiro encontro
Mistura favorita das folhas

PERFIL

As aglaonemas são cultivadas em uma grande variedade de cores e modelos, e podem ser a joia da coroa da sua coleção. Com o equilíbrio certo de luz e ambiente (umidade, temperatura e espaço), essa planta majestosa pode ficar bem grande e reinar por décadas. Já vi algumas aglaonemas que estavam vivas desde os anos 1970! As de cores claras vão se dar bem sob bastante luz, desde que indireta, ao passo que as aglaonemas mais verdes podem tolerar melhor condições de sombra. Equilibrar a luz e manter a terra úmida, uma temperatura mais abafada e uma umidade alta vai ajudar essa planta a deixar um legado duradouro.

CONDIÇÕES DE SUCESSO

Luz — meia-sombra ou sombra

Rega — regularmente

Umidade — normal a alta

Fluxo de ar — normal

Temperatura — normal

Pet friendly — não

Nativa — Ásia e Nova Guiné

A DIFÍCIL

ALOCÁSIA FRYDEK
OU ALOCÁSIA GREEN VELVET

(*Alocasia micholitziana* cv. Frydek)

IDEAL PARA PAIS DE PLANTA DO TIPO

Superprotetor
Colecionador

RECEITA DE SOLO

Mistura de primeiro encontro
Mistura favorita das folhas
Mistura queridinha

PERFIL

A lindíssima alocásia pode desorientar até os pais de planta mais experientes. Com uma grande variedade de desafios, como certa propensão por atrair pragas e suas exigências em relação ao ambiente, esse alvo móvel pode ser difícil de acertar. Mas, quando você finalmente acerta o ponto da umidade, a Green Velvet pode ser uma das plantas mais gratificantes da sua coleção. Algumas variações são um pouco mais compreensivas (como a *Alocasia amazonica*), mas, mesmo com o melhor dos cuidados, uma alocásia só ostenta três a quatro folhas até sua maturidade (quando então pode ter cinco ou seis folhas).

CONDIÇÕES DE SUCESSO

Luz — meia-sombra

Rega — regularmente

Umidade — alta

Fluxo de ar — normal a alto

Temperatura — amena a normal

Pet friendly — não

Nativa — Ásia e leste da Austrália

O BRIGUENTO

ANTÚRIO-CLARINERVIUM

(*Anthurium clarinervium*)

IDEAL PARA PAIS DE PLANTA DO TIPO

Superprotetor
Colecionador

RECEITA DE SOLO

Mistura de primeiro encontro
Mistura favorita das folhas
Mistura envolvente
Mistura delícia do deserto
Mistura queridinha

PERFIL

Testando sua resistência em batalha, o antúrio exige um combate corpo a corpo — essa parece ser a única solução para manter essa criatura dentro de casa. O antúrio-clarinervium é a planta da minha coleção pessoal com a qual mais briguei. Embora tenha perdido antúrios fortes por causa de erros meus, como julgar por suas folhas blindadas que eles eram mais resistentes do que realmente são, pegar o jeito com suas muitas necessidades me tornou uma guerreira jardineira habilidosa. Eles amam uma estufa e são dependentes de umidade. Tive que colocar meus antúrios em redomas, cúpulas e potes de cura só para que continuassem vivos, mas vale a pena para admirar essas belezas pré--históricas de folhas grossas desenhadas.

CONDIÇÕES DE SUCESSO

Luz — meia-sombra

Rega — regularmente

Umidade — alta

Fluxo de ar — normal a alto

Temperatura — normal a quente

Pet friendly — não

Nativa — México, Colômbia e Equador

BEGÔNIA-DE-BOLINHAS
(*Begonia maculata*)

IDEAL PARA PAIS DE PLANTA DO TIPO

Típico trabalhador de jornada fixa
Designer
Superprotetor
Colecionador

RECEITA DE SOLO

Mistura de primeiro encontro
Mistura favorita das folhas

PERFIL

A begônia se revelou uma queridinha do público, com seu desenho adorável e cor exuberante. Begônias populares, como a begônia-de-bolinhas, são famosas por seus pontinhos prateados metálicos e suas partes de baixo viçosas e vermelhas, o que também as torna perfeitas para situações de sombra. Se exagerar na luz, elas vão ficar esturricadas. Quando sua begônia começar a cantarolar para você, tenha em mãos os instrumentos necessários para domar essa planta que cresce rápido! Para pais de planta que gostam de colocar a mão na massa, a begônia está sempre atrás de uma poda e é ótima para propagação.

CONDIÇÕES DE SUCESSO

Luz — meia-sombra ou sombra
Rega — regularmente
Umidade — normal a alta

Fluxo de ar — normal
Temperatura — normal a quente
Pet friendly — não
Nativa — África, América Central e do Sul e Ásia

O MAGO

CHIFRE-DE-VEADO

(*Platycerium* bifurcatum)

IDEAL PARA PAIS DE PLANTA DO TIPO

Típico trabalhador de jornada fixa
Superprotetor

RECEITA DE SOLO

Mistura de primeiro encontro
Mistura favorita das folhas
Mistura queridinha

PERFIL

Pode ser preciso um pouco de magia para manter uma samambaia delicada viva em seu espaço. Algumas delas, como a ninho-de-passarinho, são um pouco mais compreensivas, ao passo que a chifre-de-veado, assim batizada por causa das lindas folhas em forma de galhada que ela desenvolve quando amadurece, pode exigir um arsenal de poderes de jardinagem. Uma boa forma de exibir essa samambaia (ou qualquer outra) é colocá-la em um suporte e pendurá-la na parede. Combine a quantidade certa de luz e umidade e você comandará esta toda-poderosa samambaia.

DICA FÉRTIL

MOLHE ESSAS PLANTAS MERGULHANDO-AS EM UM BALDE POR DEZ MINUTOS OU COLOCANDO-AS EMBAIXO DO CHUVEIRO E DEIXANDO QUE A ÁGUA ESCORRA COMPLETAMENTE.

CONDIÇÕES DE SUCESSO

Luz — meia-sombra ou sombra
Rega — regularmente/ imersão
Umidade — alta
Fluxo de ar — normal a alto
Temperatura — normal
Pet friendly — sim
Nativa — África, Ásia e América do Sul

MARANTA-CASCAVEL

(*Calathea lancifolia*)

IDEAL PARA PAIS DE PLANTA DO TIPO

Típico trabalhador de jornada fixa
Designer
Superprotetor
Colecionador

RECEITA DE SOLO

Mistura delícia do deserto

PERFIL

Essas plantas de desenhos maravilhosos crescem ao longo do chão de florestas e são especialistas em se adaptar ao ambiente e conservar energia. As calateias, popularmente conhecidas como marantas, levantam ou enrolam as folhas durante a noite, depois se abrem bem durante o dia para captar a luz. Em casa, você pode imitar as preferências de chão da floresta fornecendo mais umidade no ar e na terra. Essas sábias conservam a luz usando a parte de baixo de suas folhas escuras para impedir que a luz passe, propiciando, assim, condições de menos luminosidade.

CONDIÇÕES DE SUCESSO

Luz — meia-sombra ou sombra

Rega — regularmente

Umidade — normal a alta

Fluxo de ar — normal

Temperatura — normal

Pet friendly — sim

Nativa — América do Norte, Central e do Sul

O DRAGÃO

FIGUEIRA-LIRA OU FÍCUS-LIRATA
(*Ficus lyrata*)

IDEAL PARA PAIS DE PLANTA DO TIPO

Designer
Superprotetor

RECEITA DE SOLO

Mistura de primeiro encontro
Mistura favorita das folhas

PERFIL

É possível ver essa criatura maravilhosa se exibindo nos espaços mais incríveis, seja no centro da sala ou num cantinho mais reservado. A figueira-lira sabe deixar uma impressão marcante. Essas plantas nativas da África são acostumadas com sol pleno e altas temperaturas, com um leve toque de umidade e uma rotina de rega impecável. Quando sua planta se acomoda no lugarzinho dela, parece impossível mudá-la de lugar a menos que você queira que ela cuspa fogo, morra do dia para a noite e se torne um mito sobre o qual apenas os bardos cantarão. Se você domá-la bem, ela vai dar uma excelente pontuação em troca. Cuidado: uma figueira-lira feliz vai crescer como se fosse uma árvore!

CONDIÇÕES DE SUCESSO

Luz — sol pleno ou meia-sombra
Rega — regularmente
Umidade — normal a alta
Fluxo de ar — normal a alto
Temperatura — normal
Pet friendly — não
Nativa — África Ocidental

#COMUNIDADE JARDINEIRA

O QUE É A COMUNIDADE JARDINEIRA?

Graças às redes sociais, amantes de plantas do mundo todo se conectam para espalhar amor e apoio às plantas e a seus pais. Seja para trocar dicas de cuidado, buscar novas plantas ou apenas ver como começar essa jornada, há espaço para todos.

Comece por onde você se sentir mais à vontade. São muitas as plataformas sociais nas quais a comunidade jardineira vem crescendo e florescendo. Fazer amigos de verdade pelo Instagram era a última coisa que eu imaginava, mas isso aconteceu de maneira muito orgânica. E na vida real, a maioria das amizades da comunidade de jardineiros nasce a partir de grupos que pessoas do mesmo bairro decidem formar para sair à compra de plantas ou realizar eventos para trocar mudinhas e vender plantas entre si.

Sugiro que você se conecte com outros pais de planta na plataforma em que se sentir mais confortável. Quer sua comunidade seja no Instagram, como a minha, quer seja em um fórum on-line, como os do Facebook, do Twitter ou do TikTok, parece haver um pedacinho da comunidade jardineira em todos os cantos da internet.

Você não apenas vai encontrar conselhos inesperados ou muito necessários, mas também poderá interagir com a comunidade jardineira da sua região para trocar mudas e sementes e se reunir. Algumas das minhas plantas favoritas são as que ganhei de amigos porque elas ficam associadas àquela pessoa e àquele dia, e quando olho para essas filhas vegetais em particular, elas sempre me deixam com um sorriso no rosto. Esse vínculo se forma naturalmente e traz uma sensação de alegria.

Quando criei o *Apartment Botanist*, lembro de ter ficado com receio de que as pessoas dentro e fora da comunidade jardineira não vissem o quanto eu era apaixonada pelas plantas e como tentava expressar como elas faziam eu me sentir. Mas fui adotada quase imediatamente pela comunidade. Esse acolhimento me deu ajuda, incentivo e positividade sem fim. Nunca imaginei que receberia tanto carinho. Lembre-se: as comunidades se desenvolvem com um toma lá dá cá mútuo. O mais importante, porém, é se lembrar de agir com gentileza e respeito — e ser você mesmo com seu amor pelas plantas e todo seu universo!

ÀS COMPRAS!

Sair para comprar plantas não precisa ser uma jornada solitária! Adoro reunir um pequeno grupo de amigos, que amam plantas ou não, e dar uma voltinha pelas lojas de plantas da região. É uma ótima forma de apoiar pequenas empresas locais, além de ser uma maneira prática de comparar os preços. É um modo delicioso e alegre de explorar novas lojas e construir relações de amizade com outros pais e mães de planta.

Se não houver nenhum evento de jardinagem na sua região, recomendo demais que crie o seu. Faça amizade com os vendedores de plantas do seu bairro e veja se eles estão dispostos a receber um evento ou uma feira de troca de mudas e sementes para reunir pessoas da comunidade local. Se não puder — ou tiver dificuldade para interagir na vida real —, existem grupos incríveis no Instagram e no Facebook de que você sempre pode fazer parte. Não tenha medo de entrar em contato com outros pais de planta e tomar a iniciativa para interagir com eles, independente de como escolher fazer isso.

COMPRAR PLANTAS PELA INTERNET

uando eu estava começando a explorar o mundo das plantas raras, toda a ideia de comprar uma planta pela internet e esperar que ela chegasse dentro de uma caixa era estranha. Seria seguro para a planta? Eu seria enganada? A planta estaria morta quando eu abrisse a caixa?

Embora a maioria das grandes cidades tenha algumas lojas de planta incríveis, logo aprendi que, se eu quisesse variedade, precisava superar meus medos e minhas hesitações. Eu tinha feito uma lista de desejos de plantas, então fiz o que sempre faço em momentos de curiosidade: comecei a pesquisar quais plantas poderiam ser transportadas e quem tinha experiência com isso.

Fiz uma encomenda bem grande no meio do inverno, e até que deu tudo certo. Não foi tão assustador quanto eu imaginava, mas alguns dos meus medos se confirmaram e várias das plantas que comprei precisaram de bastante amor e atenção.

Aprendi o seguinte depois de anos aperfeiçoando a arte de comprar plantas pela internet: é normal perder uma folha no processo ou a planta parecer esgotada e estressada, e se isso te deixa apreensivo, comprar plantas pela internet não é para você — pelo menos não neste momento. Se estiver disposto a se arriscar, porém, estas são algumas estratégias que deram os melhores resultados para mim:

1. **Compre plantas de pessoas e lojas confiáveis.**
    Procure vendedores que tenham uma grande clientela e estejam no mercado há anos. Se tiver um bom número de fregueses recorrentes e for recomendada por outros pais de planta, essa deve ser uma boa loja para começar. Não tenha medo de perguntar às pessoas como foi a experiência delas, tanto as boas como as ruins. Tenha cautela quando se tratar de vendedores individuais, especialmente no Facebook! Embora você possa conseguir uma pechincha ou uma boa troca, se for encontrar alguém pessoalmente, marque sempre em lugares públicos.

2. **Confira as avaliações.**
    Procure vendedores com boas avaliações, que sejam descritivas e pareçam verdadeiras. Isso dá uma ideia de como sua experiência pode vir a ser. Muitas vezes ignorei as avaliações negativas e logo aprendi a lição.

3. **Se informe sobre as políticas do vendedor ou da loja.**
    Nunca tenha medo de perguntar sobre as políticas de devolução ou sobre os procedimentos a serem tomados no caso de plantas danificadas ou perdidas se essas informações não estiverem claras em nenhum lugar. Entenda como essas lojas fazem negócio.

4. **Fotos.**

Se for comprar poucos itens, peça fotos, especialmente se for de um vendedor individual. Fotos podem garantir que você receba aquilo pelo qual está pagando e, de preferência, dão uma boa ideia do tamanho e da saúde da planta.

5. **Evite pré-vendas.**

Não me lembro de nenhuma vez que eu ou algum amigo tenha comprado uma planta em pré-venda e tenha dado certo. Se as plantas não estiverem prontas para serem vendidas, não as compre. Muitos vendedores oferecem pré-vendas, o que significa que não há nenhuma garantia de que elas se tornarão algo além do que imaginárias.

6. **Se o preço parecer bom demais para ser verdade, provavelmente é.**

Pesquise as plantas que quer comprar e dê uma olhada em várias lojas antes de concluir a compra. Siga seu instinto e não tenha medo de pedir a opinião da comunidade. Os preços das plantas vivem em alta com o aumento da demanda, mas é sempre bom ter uma referência.

7. **Esclareça com o vendedor o que você vai receber.**

É uma estaca (sem raízes mas com nós viáveis), uma muda enraizada (uma muda com raízes formadas, normalmente propagada em água), uma planta plenamente enraizada (uma planta em um vaso com terra e um sistema de raízes estabelecido) ou uma planta de "raiz nua"? Isso vai ajudar você a se preparar melhor para a chegada da planta. Se estiver comprando uma estaca, tenha em mente que caberá a você estabelecer o sistema de raízes dessa muda.

8. Espere dias de clima ameno para comprar plantas.

Peça para os vendedores esperarem um dia de clima bom para enviar suas plantas. Você não quer que as plantas sejam enviadas num dia de calor ou frio extremo porque você não pode partir do princípio de que os caminhões ou as instalações tenham a temperatura controlada.

9. Se for uma compra internacional, certifique-se de que os vendedores oferecem um certificado fitossanitário.

Esse certificado serve de documentação para a planta e declara que ela passou por um processo de limpeza. Plantas enviadas internacionalmente são mandadas com raiz nua (ou seja, sem solo, sem vaso). Tenha em mente que é muito mais arriscado para a planta ser enviada dessa forma, e será preciso muito mais esforço para ela se adaptar ao chegar. Tenha certeza de que a recompensa vale o risco!

10. Depois que sua planta chegar sã e salva em seu novo lar, dê a ela tempo para se adaptar ao novo ambiente.

Não coloque a nova planta sob luz direta assim que ela sair da caixa. Além de ser isolada e ter o vaso trocado para evitar uma infestação (ver p. 57), a planta vai precisar de um tempo para se recuperar. É melhor partir do princípio de que haverá algum dano do que idealizar uma planta perfeita. Um ser vivo está sendo enviado dentro de uma caixa. É muito estresse para uma plantinha, então ela pode perder algumas folhas e precisar de muito amor e cuidado para se recuperar. Se você encomendou de um lugar a céu aberto, há mais chances de ela conter pragas, o que é normal. Tome o cuidado extra de limpá-la e usar medidas preventivas.

11. Defina um orçamento para suas compras.

Não deixe que a febre de plantas caras ou da moda fiquem com todo o seu dinheiro. Busque trocas ou outras formas de obter novas plantas sem estourar seu orçamento. Esse é outro motivo por que faz bem cultivar sua comunidade jardineira! Se tiver paciência e pesquisar direitinho, espere até encontrar um preço bom — mesmo para a planta dos seus sonhos.

12. **Evite sementes.**
Comprar sementes de plantas na internet é quase sempre golpe. Você não tem como saber o que realmente está comprando.

13. **Sempre use uma forma de pagamento segura.**
Mesmo se for conveniente pagar por meio de terceiros, como o Facebook, sempre busque uma forma de pagamento em que o reembolso é garantido no caso de problemas com a compra, como PayPal, e nunca pague diretamente a uma pessoa. Fique atento ao prazo máximo para abrir uma disputa ou reclamação.

DICA FÉRTIL

DEFINA ALGUM TIPO DE LIMITE OU ORÇAMENTO PARA VOCÊ. AS PLANTAS DEVEM TRAZER ALEGRIA, NÃO PREOCUPAÇÕES FINANCEIRAS. SEMPRE DIGO QUE, SE TIVER PACIÊNCIA E PESQUISAR DIREITINHO, VOCÊ VAI CONSEGUIR ENCONTRAR A PLANTA DOS SEUS SONHOS POR UM BOM PREÇO — MESMO QUE DEMORE UM POUCO MAIS.

COMO NÃO CAIR EM UM GOLPE DE PLANTA

Algumas coisas podem estar passando pela sua cabeça ao ler a expressão "golpe de planta". Primeiro, como uma coisa dessas pode existir? Segundo, quem cairia em algo tão besta? Pois eu digo que esses golpes definitivamente existem, e eu mesma já caí em alguns!

O pior golpe de planta que já sofri foi em um grupo privado de Facebook. O vilão dessa história — vamos chamá-lo de cc — sabia como tirar dinheiro de amantes de plantas. Eu estava em busca da minha lista de desejos que não parava de crescer quando encontrei o grupo dele. Ele preenchia vários requisitos: se comunicava bem, especialmente quando alguém estava interessado em fazer uma compra; foi muito bem recomendado; e já tinha vendido e entregado plantas antes.

Nessa operação, ele prometeu a centenas de pessoas plantas vindas da Tailândia. Ele aceitou o que devem ter sido milhares de dólares em pré-vendas (o que agora sei que é um grande sinal de alerta) e disse a todos que tinha um contato na Tailândia com uma loja de plantas e estava conseguindo um ótimo negócio envolvendo muitas plantas raras e geralmente caras. Ele postava fotos, enviava atualizações e oferecia mais plantas a quem aumentasse suas encomendas.

Semanas depois do pedido inicial, as pessoas no grupo começaram a perguntar sobre suas plantas e quando elas seriam enviadas. As datas prometidas para entrega já haviam passado. E cc nunca cumpriu o prometido.

Embora a maioria das pessoas tenha conseguido seu dinheiro de volta pelo PayPal, centenas de pessoas pagaram diretamente para ele por outros meios e não conseguiram reembolso. Felizmente, consegui a maior parte do meu dinheiro de volta, mas eu tinha aumentado meu pedido em vinte dólares pelo Facebook, por insistência dele, algo que agora sei que deve ser evitado a todo custo porque eles não devolvem seu dinheiro. Aprendi uma lição muito importante por vinte dólares. Obrigada, cc!

Resumindo, faça perguntas! Se os vendedores forem genuínos e ver- dadeiros, eles não terão nenhum problema com perguntas razoáveis dos compradores sobre os produtos. Se eles se fizerem de difíceis, vá para o próximo; eles não serão os primeiros nem os últimos a oferecer a planta que você busca.

E, se alguém precisa ouvir isso, *não se preocupe*. Um dia você vai conseguir aquela planta da sua lista, portanto não tenha pressa. Quando tiver um pressentimento ruim sobre um vendedor, siga sua intuição e compre em outro lugar.

ALGUMAS DICAS DO QUE CHECAR ANTES DE EFETUAR A SUA COMPRA

* Evite vendedores individuais aleatórios, sobretudo aqueles sem um estoque sólido. Aja com cautela quando se tratar do Facebook Marketplace!

* Evite pré-vendas. Sei que é a milionésima vez que digo isso, mas sempre é bom reforçar que pré-vendas nunca dão certo para o comprador.

* Verifique as redes sociais dos vendedores. No meu caso, cc usava uma identidade falsa e não consegui encontrar nenhuma outra rede social dele — um grande sinal de alerta!

* Sempre opte por meios mais seguros de pagamento e que facilitem o reembolso quando necessário, como PayPal. Fique atento ao prazo para abrir uma disputa ou reclamação.

COMO FAZER UMA SELVA CABER NA SUA CASA

Não é segredo que minhas plantas ficam nos melhores lugares do meu apartamento, já que elas precisam de luz, temperatura e umidade ideais para sobreviver e prosperar. Se você pretende colecionar mais do que meia dúzia de plantas, esses locais ideais se enchem rapidamente — especialmente se você for como eu.

Como espaço é sempre algo valioso, aqui vão alguns truques rápidos para ajudar você a aproveitá-lo o máximo possível:

AS PAREDES SÃO SUAS AMIGAS: Quando todos os parapeitos de janela ou lugares em que o sol bate no chão estiverem preenchidos, está na hora de olhar para cima! Prateleiras são a forma perfeita de criar mais espaço para plantas. Escolha uma parede que receba uma quantidade razoável de luz e use a criatividade para posicionar suas plantas! Adoro usar nichos expositores — são perfeitos para aquele espacinho minúsculo na parede. Qualquer que seja sua escolha, tenha em mente que você não deve bloquear a fonte de luz da planta.

ESPELHO, ESPELHO MEU: Além de fazer seu espaço parecer mais amplo, os espelhos podem ser úteis para as plantas também. Tente colocar espelhos decorativos em locais que possam refletir a luz sobre as plantas. Particularmente, adoro colocar um espelho reciclado atrás e embaixo de algumas das minhas plantas para que, quando a luz incidir sobre eles, ela seja refletida nas partes debaixo e de trás das folhas e distribua mais luz pelo espaço.

PENDURE AS PLANTAS NO TETO: Pendurar vasos são outra forma de criar mais espaço em sua casa. Talvez você possa até fazer uma prateleira suspensa para colocar várias plantinhas nela.

GARIMPE: Adoro ir a lojas de móveis usados e mercados de pulgas para buscar itens que posso usar para as plantas do meu apartamento. Objetos como redomas e suportes são sempre úteis, mas também é divertido pensar além do vaso. Eu, por exemplo, transformei um aquário garimpado de quatrocentos litros em um hospital de plantas.

MALES DO CRESCIMENTO: Outro motivo por que seu espaço pode estar acabando é que sua família vegetal está crescendo! Olhe só você! Você poderia mudar suas plantas vicejantes de lugar, mas, se preferir mantê-las onde estão, pode podá-las e até cortar mudas para propagação, se for algo que curta fazer.

COMO TREINAR SUAS PLANTAS: Se você tiver uma planta que é naturalmente trepadeira, você pode treiná-la a subir pelas paredes de diferentes formas. Por exemplo, você pode usar ganchos autoadesivos para servir de suporte ou varas de musgo (basicamente uma haste envolta por esfagno) para dar um impulso vertical a ela. Compre algo seguro, como velcro para prender plantas, e fixe o caule ao longo da vara de musgo. Mantenha o musgo úmido para que as raízes aéreas da planta se fixem à haste. Você também pode procurar treliça ou bastões para fazer sua trepadeira subir.

INSPIRE-SE: Encontre o que funciona para você. Essa é uma chance perfeita para recorrer a sugestões, dicas e soluções para customizar e decorar seu espaço nos perfis mais inspiradores das suas redes sociais ou na sua comunidade jardineira. Existem muitos pais e mães de plantas maravilhosos ao redor do mundo que compõem espaços únicos e incríveis — sempre existe algo para aprender e descobrir.

CUIDAR DE PLANTAS É AUTOCUIDADO

É difícil se abrir, mas as plantas nunca vão julgar você. Cuidar das minhas plantas é um espaço seguro para mim. Em todos os meus momentos mais difíceis, ter plantas para cuidar me ajudou a superá-los e seguir em frente. Na minha opinião, há alguns aspectos importantes que mostram que cuidar de plantas é, na verdade, uma forma de autocuidado:

MOMENTO TRANQUILO/ MEDITAÇÃO: Qualquer que seja o lugar do mundo em que você more, ter um momento de silêncio e conseguir passar um tempo só com suas plantas é uma experiência calmante, que relaxa. Adoro tomar café e andar entre minhas plantas, procurando novos sinais de crescimento. Além disso, separar um tempo para meditar ou pensar no meu planejamento diário é uma forma prazerosa de começar o dia com as plantas.

REGAR CURTINDO UM SOM: Por mais que possa ser trabalhoso, adoro regar minhas plantas. É uma experiência enriquecedora que tenho com elas. Adoro vê-las se animarem depois de um bom banho! Também uso esse tempo para ouvir música ou meu podcast favorito.

TROCAR DE VASO: Pôr as mãos na massa é divertido. É como ser criança de novo, brincando na natureza. Sentir a terra entre os dedos e colocar a planta no vaso pode ser muito terapêutico.

DECORAR: Quem não fica bobo ao trazer uma nova plantinha para casa? Adoro encontrar o lugar perfeito para ela em casa. As plantas são excelentes para trazer a sensação de lar a qualquer espaço.

COMPRAS: Mesmo se você não comprar nada, frequentar lojas de plantas pode ser uma experiência revigorante, ainda mais quando você está cercado por todo aquele verde. Também adoro o fato de poder fazer disso um programa com os amigos — nunca se sabe quem você pode transformar em um novo pai de planta!

COMPARTILHAR: Grande parte do motivo por que adoro propagar plantas é que assim consigo compartilhá-las com amigos e familiares. Há algo de especial em ter essa conexão com as pessoas.

RESGATAR: Ser capaz de trazer uma planta com problemas de volta a seu potencial pleno é uma experiência mágica. Também é preciso ter paciência, e nem sempre dá certo, mas, quando dá, proporciona uma sensação muito emocionante e gratificante.

DOCUMENTAR: Adoro fotografar minhas plantas. Ter o histórico visual do crescimento da sua planta é muito gratificante e divertido. É uma ótima maneira de criar um elo e manter um registro da sua coleção.

TOMAR CAFÉ: Adoro passar um tempo com minhas plantas quando acordo. Tomar café da manhã junto com alguns dos meus bebês vegetais é uma maneira gostosa e tranquila de começar bem o dia. É uma ótima chance para dar uma olhada atenta à planta.

DIA DE SPA VEGETAL: Levar minhas plantas para o chuveiro para proporcionar a elas uma experiência de floresta tropical é algo que faço de tempos em tempos. É um diazinho perfeito de spa para as plantas e um excelente momento para cuidar de mim também. Gosto de colocar uma máscara facial enquanto espero minhas filhas vegetais secarem. É uma maneira relaxante de encerrar o dia.

Para mim, cuidar de plantas sempre foi um privilégio. Fico feliz quando acordo e vejo minhas plantas vivendo em harmonia com minha família. Sempre digo: "Eu *cuido* das minhas plantas", nunca "*Tenho* que cuidar".

PLANTAS FAZEM O MUNDO GIRAR

Nem sempre é fácil ser mãe de planta, mas sou grata por poder ser uma. Entre erros e acertos, aprendi a continuar tentando e a não me envergonhar ou duvidar das minhas capacidades. Fortaleci minha autoconfiança e aprendi a deixar qualquer sensação de insegurança de lado. Uma das maiores lições que as plantas me ensinaram é que se você tiver que recomeçar, tudo bem. Às vezes, as plantas não dão certo, e passar por isso repetidas vezes me deu a segurança para começar do zero e fazer o que é melhor para mim com as plantas e na vida.

É bem incrível pensar como esses seres me ensinam tantas coisas que posso aplicar no meu dia a dia. Aprendi sobre paciência, e também me tornei mais gentil com os outros e comigo mesma. Também aprendi que, com paciência, tudo pode crescer.

Não existe nenhuma verdade universal sobre o cuidado com as plantas. Todas elas têm suas peculiaridades, mas parte da diversão de ser pai ou mãe de planta é desenvolver suas habilidades e aprender com os erros. Já mencionei que é cem por cento aceitável errar? Porque é, e você vai errar.

Como Aqueronte, transportei muitas almas de plantas para o além. É triste, mas acontece até com os pais de planta mais experientes.

Talvez para algumas pessoas as plantas sejam apenas acessórios legais que decoram a casa, mas para mim (e provavelmente para você) as plantas — e o cuidado com elas — são grandes atos de autocuidado e de criação de uma comunidade. Você pode escolher sua família vegetal, e ela não precisa ser grande, cara ou estar na moda para fazê-lo feliz.

Quer você seja pai ou mãe de uma planta só ou de quinhentas delas, saiba que a jornada de cada pessoa com suas plantas é única. Não importa como você vai chegar lá, pois tenho certeza de que vai.

GLOSSÁRIO

Neste livro, compartilhei com você todas as dicas, sinais de alerta e os prazeres de comprar, cultivar, presentear e amar plantas. A essa altura, você provavelmente consegue identificar quais plantas se dão bem vivendo em ambientes com pouca luz ou sabe enfrentar problemas com pragas. Mas, se empacar em um conceito ou uma palavra, não se preocupe. Este glossário está aqui para você dar uma folheada rápida e se sentir mais confiante na próxima vez que entrar em uma loja de plantas.

ACLIMATAR: Fazer uma planta se acostumar com o novo ambiente.

CACHEPÔ: Um vaso sem furo de drenagem, geralmente decorativo. Cachepôs são feitos de diversos materiais, como cerâmica, cimento, barro, plástico ou fibra de vidro. A maioria dos pais de planta coloca o vasinho em que ela vem dentro de um cachepô.

ESTIOLAMENTO: Quando uma planta está crescendo sob uma luz parcial ou nenhuma luz, e se estica em busca do sol. Sinais indicativos de estiolamento incluem caules fracos e longos, crescimento de folhas pequenas, e uma cor amarelo-clara devida à falta de clorofila.

INFLORESCÊNCIA: O conjunto de flores em um caule.

LINHA DA TERRA: A superfície da terra, a partir da qual a planta se divide entre o crescimento (para cima) e o sistema de raízes.

LINHA DE CORTE: Durante a propagação, a linha sob o nó em que se faz o corte.

LUZES DE CRESCIMENTO: São lâmpadas ou luzes de LED que ajudam as plantas a crescer. É a solução perfeita se você tiver pouca ou nenhuma luz natural, pois essa fonte de luz artificial oferece um espectro de luz semelhante ao sol.

NÓ: A junta no caule de uma planta onde brotos, novos caules ou raízes aéreas crescem.

PECÍOLO: O segmento que conecta uma folha ao ramo e permite que a folha e os produtos da fotossíntese sejam transportados para o restante da planta.

POTE DE CURA: É um termo que cunhei para uma caixa de plástico que ajuda plantas delicadas ou em recuperação a se curar por meio da retenção de umidade. Uso esse método junto com luzes de crescimento.

RAIZ AÉREA: Raiz que fica acima do nível do solo e precisa receber um bom fluxo de ar e umidade.

RAIZ NUA: Método de enviar uma planta no qual as raízes ficam expostas, sem terra ou qualquer outro substrato.

REDOMA: Um invólucro de vidro redondo para plantas que ajuda a aumentar sua umidade.

RIZOMA: A raiz inchada de uma planta que cresce logo abaixo de um nível de superfície, de onde surgem brotos e raízes.

TERRÁRIO: Um recipiente fechado (geralmente de vidro) que contém terra, plantas que caibam em seu interior e água.

VARIEGAÇÃO: Falta de clorofila em uma planta que a faz parecer branca, verde-clara ou amarela. A maioria das partes brancas de uma planta vai acabar ficando marrom e morrendo, pois a variegação normalmente é uma mutação.

VIVÁRIO: Um cercado que abriga vida vegetal e animais, geralmente construído para reproduzir seu ambiente natural.

AGRADECIMENTOS

Mais plantas, por favor me trouxe muita alegria durante seu processo criativo. Sou grata aos muitos indivíduos lindos que me ajudaram a chegar aqui e me guiaram ao longo da escrita deste livro.

Minha família

Minha mãe, por acreditar em mim desde quando eu vendia braceletes de continhas em um banquinho no Brooklyn até agora, quando escrevo meu próprio livro. Você sempre soube que eu poderia fazer qualquer coisa a que dedicasse meu foco, mesmo que tudo estivesse contra mim. Você sempre me apoiou, e tenho orgulho de ser sua filha. Obrigada por estimular minha criatividade e meu humor, qualidades que herdei de você!

Papai, obrigada por seguir na onda de todas as ideias malucas que tive; você sempre me apoiou em todas elas. Meu coração se aquece ao ver você curtindo e amando suas plantas.

Minha irmã, Giana, graças a você, cresci sabendo o que é a bondade infinita. Obrigada por sempre ser meu porto seguro.

Meu Micah, não acredito que tenho você na minha vida. Você me aceita de todo o coração e abraça todo pensamento criativo que tenho. Você sempre enxerga meu potencial e sempre faz questão de me lembrar dele. Obrigada por embarcar nesta aventura botânica comigo e por ser parte de tudo que me faz sorrir.

Bobby, obrigada por me apoiar e se orgulhar de todas as minhas conquistas. Agradeço também por dar uma chance para as plantas na sua vida.

À minha sobrinha, Abrielle, e ao meu sobrinho, Oliver, obrigada pelas gargalhadas quando eu mais precisava delas. O amor incondicional de vocês é a alegria e a luz da nossa família. Mal posso esperar para ensinar tudo sobre plantas para vocês.

Meus amigos

Angela Alba, seu amor e seu apoio são tudo que mais prezo desde os tempos do *Mágico de Oz*. Tenho muita sorte por ter seus conselhos e sua sabedoria, que é maior do que sua idade sugere. Obrigada por me incentivar a começar um instagram de plantas e por me lembrar de me dedicar ao que quero e amo fazer.

Carly Elkin, tenho sorte desde o primeiro dia em que passamos a dividir um quarto, o que logo nos transformou em melhores amigas. Obrigada por sempre saber como me fazer rir e nunca ter medo de fazer papel de boba comigo.

Ray Quartuci, meu amigo no céu, sei que você estaria orgulhoso e torcendo por mim. Sinto sua falta todos os dias.

Minha equipe

Noah Ballard, devo ter feito algo bom em uma vida passada para ter você como meu agente. Obrigada por me fazer me sentir confiante neste processo novo e por sempre acreditar no livro e em mim.

Vivian Lee, obrigada pela gentileza e pela orientação desde o momento em que a conheci. Você me ajudou a pegar essa sementinha e transformá-la em um livro de plantas de verdade.

À equipe da Clarkson Potter, obrigada por confiar em mim e na importância das plantas e dos pais e mães que as amam. Obrigada a Gabrielle Van Tassel por me dar o estímulo, a oportunidade e a orientação ao longo do meu primeiro livro.

Um grande agradecimento à Lucila Perini por captar minha imaginação e dar vida a essas plantas e suas personalidades.

Minha comunidade

À comunidade mais incrível sem a qual nada disso teria sido possível. Obrigada por dar às plantas um lugar em seu lar e, mais importante, em seu coração.

Aos velhos, novos e futuros pais de planta, espero que vocês dediquem tempo à sua paixão por cultivar, não hesitem em deixar seus pensamentos e suas ideias se propagarem e, finalmente, permitam que sua intuição floresça.

ÍNDICE REMISSIVO

A

ácaros-aranha, 23-5, 57
aclimatação, 22, 183
aglaonema rosa (Aglaonema cv. Rosa), 145
água, propagação em, 80-1
Alocásia pulmão-de-aço (Alocasia cuprea), 93
Alocásia Frydek (Alocasia micholitziana), 147
aloe vera ver babosa
antúrio-clarinervium (Anthurium clarinervium), 149
apodrecimento em plantas, 68, 84
areia, 72
argila expandida, 72, 81
ave-do-paraíso (Strelitzia nicolai), 137

B

babosa, 113
bananeiras, 23-4
barro, vaso de (terracota), 56
begônia-de-bolinhas (Begonia maculata), 151
bolas de argila, 72
borrifador, 27
brotos, 78, 85

C

cachepôs, 183
cactos, 129
caixa de plástico, propagação, 82
carvão, 71
casca/chips para orquídeas, 71-2
cerâmica, vasos de, 56-7
certificado fitossanitário, 168

chifre-de-veado (Platycerium bifurcatum), 153
cobertura de terra, 72
cochonilhas-farinhentas, 22, 25, 57
comigo-ninguém-pode, 25
comprar plantas: benefícios terapêuticos, 178; com a comunidade jardineira, 163; com crescimento, 85; evitar golpes, 166-70; inspecionar plantas, 84; isolar plantas novas, 85; on-line, 164-71; perguntar, 84
comunidade jardineira, 161-2
condensação, 61-3
confiança botânica, 20
correntes de ar frio, 67
costela-de-adão (Monstera deliciosa), 123
cuidar de plantas: como autocuidado, 177-9; considerações ambientais, 54-5; cuidar da coleção, 59; diariamente, 85; durante os meses de inverno, 66-8; escolher substrato de plantio, 58; escolher vasos, 56-7; fertilizante, 57-9, 68; isolar plantas novas, 22, 57-8, 85; legenda rápida, 92-3; mensalmente, 86; pesquisar informações sobre plantas, 56; regar plantas, 58; rotinas, 26; semanalmente, 86

D

delícia do deserto, mistura de terra, 75
deterioração, sinais de, 84

E

envolvente, mistura de terra, 75
esfagno, musgo, 71, 81
espada-de-são-jorge/
    língua-de-sogra (*Dracaena
    trifasciata/ Sansevieria trifasciata*),
    105
espelhos, 174
estacas, 78
estaquia, 78
estiolamento, 184

F

Facebook, 170-1
falsa-seringueira rubra (*Ficus elastica*
    cv. Rubra), 117
favorita das folhas, mistura de terra,
    74
fertilizar, 59
fibra de coco, 71
figueira-lira/ fícus-lirata
    (*Ficus lyrata*), 157
filodendro-Brasil (*Philodendron
    hederaceum* var. oxycardium
    "Brasil"), 127
flor-de-cera Krimson Princess
    (*Hoya carnosa* var. variegata), 133
fluxo de ar, 92
folhas, espanar, 67
fotografar plantas, 179
fungo, 84

G

golpes em compras de plantas,
    169-70

I

inflorescência, 184
inverno, cuidados, 66-8

J

janelas, 21

jardineiras suspensas, 174
jiboia/ hera-do-diabo (*Epipremnum
    aureum*), 107

L

lesmas, 58
linha de corte, 183
linha de terra, definição, 184
loja de móveis usados, 174
luz para plantas: avaliar no espaço,
    20-1, 54; durante o inverno, 66-7;
    luzes de crescimento, 66, 184;
    meia-sombra, 54-5, 92; sol pleno,
    54, 92; sombra, 55, 92; luzes
    brancas de espectro total, 66; luzes
    de espectro vermelho-azul, 66

M

maranta-cascavel (*Calathea
    lancifolia*), 155
meditação, 178
mercados de pulga, 174
mergulhia aérea, 79-80
mini-costela-de-adão
    (*Rhaphidophora tetrasperma*), 125
miniestufa, 64
misturas de terra: delícia do deserto,
    75; envolvente, 75; favorita das
    folhas, 74; ingredientes, 70-2;
    primeiro encontro, 73; queridinha,
    74; teste de textura, 72
momento tranquilo/meditativo, 178
moscas-brancas, 58
moscas-dos-fungos, 25, 72
mudas, 68, 78-80

N

névoa fresca, 62
névoa morna, 62
nó, 184

O

óleo de neem, 58, 67
orçamento, 168-9

P

palmeira-majestosa (*Ravenea rivularis*), 139
parapeitos, 174
paredes, plantas nas, 174-5
pata-de-elefante (*Beaucarnea recurvata*), 111
PayPal, 169-71
pecíolo, 184
pedras vulcânicas, 72
pedriscos, 72
peperômia-melancia (*Peperomia argyreia*), 101
perlita, 71
planta-chinesa-do-dinheiro/ pilea/ planta óvni (*Pilea peperomioides*), 131
planta-jade (*Crassula ovata*), 99
plantas: área externa, 28; como caber na sua casa, 172-4; como purificadores de ar, 20; identificar, 91; limpeza, 67; livrar-se das infectadas, 25; nomes, 84, 91; pesquisar informações sobre, 84; poda, 174; resistentes à seca, 92; sinais de morte, 27-8; taxonomia, 91; trepadeiras, 175; tropicais, 61; vender ou doar, 59
plástico, vasos, 56
potes de cura, 63, 184
pragas: procurar, 21-2, 57-8, 84; tratar, 22-5, 58
prateleiras, 174
pré-vendas, evitar, 167, 170-1
primeiro encontro, mistura de terra, 73
propagação: benefícios terapêuticos, 178; com água, 80-1; com argila expandida, 81; com caixa de plástico, 82; com esfagno, 81; com terra, 81-2; definição, 77; divisão de brotos, 78; mergulhia aérea, 79-80; métodos, 80-2; mudas, 77; no inverno, 68; por folha, 79; tipos de, 78-80
pulgões, 25, 58

Q

queridinha, mistura de terra, 73-4, 127, 137, 139, 147, 149, 153

R

raízes: aéreas, definição de, 183; apodrecimento, 68; circulação de ar para, 71; em plantas enraizadas, 67; inspecionar saúde de, 68; nuas, definição de, 183
redoma, 184
regar: benefícios terapêuticos, 178; durante o inverno, 68; em excesso, 67; orientações, 26-7; plantas de imersão, 92; plantas resistentes à seca, 92; rotina semanal, 86
rizoma, 184

S

sabonete líquido, 67
sementes, compras de, 169
spa para plantas, 179
substrato de plantio: materiais em, 70-2; melhor para as plantas, 58; trocar plantas de vaso com, 29-30
suculenta, 135

T

tapetes térmicos, 66
temperatura, dentro de casa, 54, 66, 93
terra *ver também* misturas de terra; colocar mudas na, 81-2; plantar, 71

terra vegetal, 71
terrário, 184
teste de pais de planta, 31-49
tilândsia (*Tillandsia sp.*), 109
tostão-rosa/ dinheiro-em-penca
(*Callisia repens* cv. Variegata), 115
trepadeiras, 175
tripes, 25, 57
trocar plantas de vaso: benefícios
terapêuticos, 178; dicas, 68;
inspecionar raízes ao, 68;
instruções para, 29-30; plantas
enraizadas, 67-8; plantas
recém-compradas, 26, 87

U
umidade: aumentar, 61-4;
nos meses de inverno, 67;
plantas que amam, 27;
porcentagens, 92
umidificadores, 62

V
variegação, 185
vasos *ver* trocar plantas de vaso;
barro, 56; cachepô, 183; cerâmica,
56-7; escolher o tamanho certo,
57; plástico, 56
vermiculita, 71
vivário, 21, 185

Z
zamioculca (*Zamioculcas zamiifolia*),
103